COURS RAPIDE
DE DESSIN

ou comment apprendre à dessiner tout seul

Dominique Manera

COURS RAPIDE
DE DESSIN

ou comment apprendre à dessiner tout seul

LE GRAND LIVRE DU MOIS

Traduction André Bernard

© Dernière édition 1988
© 1992 Edition remise à jour — Editions De Vecchi S.A. — Paris
Imprimé en Italie

Introduction

Comme j'aimerais savoir dessiner ! Qui n'a pas manifesté ce désir au moins une fois dans sa vie ?

Toute personne active et sensible voudrait pouvoir, en plus des moyens traditionnels d'expression que sont la parole et l'écriture, disposer des possibilités que donne le dessin. Ainsi, lorsque nous avons décidé de faire fabriquer un meuble, aimerions-nous être capables d'en esquisser sur le papier la forme et la structure afin de faire comprendre à l'ébéniste ce que nous attendons de lui, plutôt que de l'obliger à tracer lui-même croquis après croquis pour qu'il devine enfin ce que nous désirons.

Lorsque nous envisageons de faire construire une petite maison à la campagne, nous voudrions pouvoir reproduire sur le papier le projet auquel nous rêvons depuis si longtemps. Mais, en général, nous devons nous contenter de l'un des modèles standards qui nous sont proposés, et faire ainsi confiance à l'expérience et au goût des autres. Par ailleurs, nombreux sont ceux qui souhaiteraient, grâce à ce passe-temps honorable qu'est le dessin, avoir le moyen d'embellir leur logis ou la demeure de leurs amis. Enfin, il y a ceux qui, dans l'exercice de leur profession, ne peuvent réaliser un objet déterminé que s'ils disposent d'un croquis le représentant. Ils aimeraient savoir dessiner pour ne pas être contraints de s'adresser à un professionnel dont l'intervention signifie inévitablement : perte de temps et sacrifices financiers. Pourtant, il n'est pas difficile d'apprendre tout seul à dessiner. Pour y parvenir, il faut suivre une méthode logique et rationnelle qui donne satisfaction à tous ceux qui veulent utiliser ce moyen d'expression.

Contrairement à l'opinion généralement répandue, il n'est pas nécessaire de posséder des dons particuliers pour pratiquer le dessin ; chacun peut apprendre à dessiner exactement comme il a appris à lire ou à écrire.

Savoir écrire ne signifie pas que l'on est un écrivain de talent. De même : savoir dessiner ne veut pas nécessairement dire que l'on est un grand artiste. Mais cela signifie ,avant tout que l'on est capable de représenter avec exactitude l'aspect d'un objet ou de donner une forme matérielle à un projet ou à n'importe quelle idée surgie de notre imagination. Grâce à ce manuel, nous entendons donner un guide sûr à tous ceux qui désirent apprendre à dessiner correctement sans assister à des cours spécialisés ; de cette façon, ils éviteront de dépenser d'importantes sommes d'argent et ils n'auront pas à se soumettre à des impératifs d'horaires rigides.

Un peu d'histoire des arts plastiques

Le dessin est un moyen d'expression typiquement humain, au même titre que la parole. Mais le dessin présente l'avantage d'être un langage durable et international.

L'homme préhistorique avait déjà appris à tracer sur des supports divers, en utilisant des techniques variées, les images des formes naturelles pour lesquelles il éprouvait de l'intérêt. Les graffiti et les peintures de cette époque primitive étaient en réalité de véritables dessins grâce auxquels l'homme de ce temps-là communiquait à ses semblables, en les matérialisant d'une façon compréhensible pour ceux-ci, les sentiments qu'il éprouvait et les pensées qui lui venaient à l'esprit.

Il est établi que les premières formes d'écriture étaient constituées par des dessins représentant des objets et des idées, dessins associés entre eux selon les règles de l'écriture idéographique.

Au fur et à mesure que les siècles s'écoulaient, ces figures préhistoriques, si belles et si proches de la réalité, subirent une lente évolution vers des formes plus abstraites parmi lesquelles on peut citer, entre autres, les hiéroglyphes et les lettres de l'alphabet. D'autre part, en raison de leur grande diffusion, ces figures que l'on est convenu d'appeler "décoratives" furent progressivement stylisées et prirent des formes définitives. Depuis les premiers instants de notre civilisation et jusqu'à nos jours, le dessin, moyen unique de représentation graphique des formes, a toujours été l'un des éléments de l'activité humaine.

Parmi les dessins les plus anciens appartenant à la période historique, il faut citer ceux qui furent tracés sur certains papyrus égyptiens datant de 5 000 ans avant Jésus-Christ. Plus tard, apparaîtront les parchemins et les tissus sur lesquels les dessins étaient exécutés au pinceau ou à la plume d'oie jusqu'à ce que l'usage du papier soit introduit.

Il faut noter que les Egyptiens, même s'ils ont atteint un niveau technique très élevé, ignoraient totalement la notion de perspective, alors que sur de nombreux dessins préhistoriques exécutés d'instinct, la perspective est représentée correctement.

Chacun connaît la manière caractéristique dont les Egyptiens représentaient un personnage. La tête est toujours vue de profil, avec un œil de face.

Plus bas, apparaissent les épaules vues également de face afin de situer le point d'attache des bras, tandis que le reste du corps est vu de profil. Enfin, au niveau inférieur, les deux pieds, encore de profil. Cet ensemble de constatations démontre que les artistes égyptiens ne connaissaient pas la technique du raccourci, bien qu'ils aient été capables de réaliser des scènes pleines de vie et des motifs décoratifs d'une grande beauté en utilisant des techniques raffinées.

Les autres peuples riverains de la Méditerranée dont la civilisation se développa postérieurement à celle des Egyptiens ne firent, tout d'abord, que suivre les habitudes esthétiques de ceux-ci. Peu à peu, les règles de la représentation en perspective furent découvertes ; ainsi, au IVe siècle avant J.-C., les artistes grecs étaient capables de dessiner les hommes et les choses de façon parfaite. L'examen des vases grecs permet de suivre pas à pas l'évolution du dessin et d'acquérir la conviction que la Grèce fut une source inépuisable de chefs-d'œuvre. Il suffit de citer les noms de Polygnote, Zeuxis et Apelle (pour la peinture), de Polyclète, Myron, Phidias et Praxitèle (pour la sculpture) pour évoquer l'une des périodes les plus riches et les plus fécondes de l'art.

Dans chaque académie du monde, l'élément le plus important est toujours constitué par les reproductions d'œuvres plastiques représentant Vénus, Apollon, Mars ou d'autres divinités païennes, tantôt dépouillées de vêtements, tantôt parées de draperies. Ces œuvres témoignent de la perfection atteinte par les artistes de cette époque.

Les Romains se contentèrent de suivre la tradition artistique de la Grèce en important des œuvres d'art et en faisant venir dans leur pays des artistes hellènes dont l'influence était encore perceptible au Moyen Age malgré certaines dégradations dues au temps. La décadence de l'Empire romain et l'invasion des Barbares plongèrent l'Europe occidentale dans un marasme profond dont la culture et les Beaux-Arts subirent durement les conséquences. Par suite de la disparition des écoles et des académies, la faible production d'œuvres plastiques et figuratives du Moyen Age doit plutôt être considérée comme le résultat d'une activité artisanale que comme la manifestation d'une véritable activité artistique.

La plus grande partie des œuvres peintes durant ces années d'obscurantisme sont de petits tableaux représentant des scènes religieuses ; ils sont presque tous d'origine byzantine. En provenance du Moyen-Orient où les traditions artistiques avaient subsisté plus longtemps, elles parvinrent en Europe occcidentale par la voie maritime. Mais la valeur artistique des œuvres byzantines finit également par décliner jusqu'à un niveau semblable à celui de l'artisanat local.

Ce n'est que vers la moitié du XIIIᵉ siècle qu'apparurent les signes avant-coureurs de la Renaissance qui, en trois siècles, devait élever les arts plastiques et figuratifs et, d'une façon plus générale, l'ensemble de la culture, à un niveau comparable à celui atteint pendant la période classique.

L'imagerie stéréotypée, expression de l'art byzantin, qui avait été l'élément dominant pendant le Moyen Age, ne correspondait plus aux goûts des grands artistes et des marchands qui, voyageant dans tout le bassin méditerranéen pour les besoins de leur commerce, entraient en relations avec des peuples habitant des pays éloignés dont ils apprenaient à connaître les coutumes et les traditions culturelles.

Les premières œuvres de Giotto annonçaient la naissance d'un climat culturel nouveau. Rompant avec l'habitude qui consistait à imiter servilement les modèles byzantins, Giotto cherchait directement dans la nature les types des personnages qui devaient animer les scènes peintes sur les murs des églises et des chapelles.

Ces personnages de Giotto, malgré leurs attitudes un peu compassées et leur aspect un peu rude, sont les symboles d'une véritable révolution artistique parce qu'ils ont introduit dans le dessin et la peinture les formes mêmes de la vie ; ils surclassent définitivement les figurines de l'imagerie byzantine qui était plus proche d'un mode d'écriture que de la reproduction des formes naturelles.

En s'inspirant de la nature et des bas-reliefs classiques que son père lui avait appris à aimer, un contemporain de Giotto, Nicolas Pisano, originaire des Pouilles, va remettre à l'honneur la sculpture, un art ignoré et méprisé depuis des siècles sous le prétexte qu'il était païen et dont les ruines admirables étaient visibles à Rome par exemple.

Un autre contemporain de Giotto, le peintre Simone Martini fit connaître en France — il part pour Avignon en 1340 — la nouvelle peinture naturaliste dont les tendances s'amalgamèrent à celles de l'art gothique. Avec le développement de la civilisation de la Renaissance, l'activité artistique s'accrut de façon notable. Au XVᵉ siècle, le nombre des peintres et des sculpteurs italiens était important. En Toscane, on relève les noms des peintres suivants : Paolo Uccello qui se distingua par ses compositions monumentales et pleines de rigueur, Masolino da Panicale et le sculpteur Masaccio qui se firent remarquer par leur réalisme, tandis que Beato Angelico, aussi influencé qu'il ait été par l'enseignement de l'école naturaliste, peignit des scènes où l'inspiration mystique est dominante. Il faut encore citer Benozzo Gozzoli, le peintre de la joie de vivre, Filippo Lippi qui exalta la beauté et la grâce de la femme comme le fit également son élève, Botticelli et, enfin, le populaire Ghirlandaio. Les sculpteurs toscans les plus connus de ce XVᵉ siècle furent Jacopo Della Quercia, Ghiberti auquel on doit les portes du baptistère de Florence, Donatello, Luca della Robbia et Verocchio, à la fois sculpteur et peintre dont le jeune Léonard fut l'élève.

A cette époque, l'atelier de chaque peintre constituait en réalité une véritable école qui formait de nouveaux artistes parmi lesquels nous devons mentionner les plus grands, Raphaël (1483-1520), Michel-Ange (1475-1564) et Léonard de Vinci (1452-1519).

Les artistes du XVᵉ siècle perfectionnèrent leur connaissance de la nature et ils étudièrent la perspective, le paysage, l'anatomie et la façon de rendre l'expression du visage humain, ce qui correspondait aux aspirations de l'humanisme. Léonard de Vinci, dessinateur incomparable, sut porter au plus haut degré de perfection toutes les découvertes de ses prédécesseurs en réalisant des œuvres admirables aussi bien par leur composition, leurs couleurs, le modelé des formes, que par la psychologie subtile qui les imprègne et les effets d'ombres et de lumière. Possédant un "esprit encyclopédique", il étudia la mécanique, l'anatomie, la botanique, la physique et tout ce qui pouvait lui permettre, après avoir pénétré les secrets de la nature, de mieux en recréer les formes selon les impulsions de son imagination. *La Joconde* au sourire mystérieux, *La Cène* baignant dans une atmosphère dramatique et l'admirable *Sainte-Anne* sont les plus connues parmi ses œuvres. Un certain nombre d'entre elles est conservé au Louvre, à Paris.

Raphaël Sanzio, auquel le Pérugin avait inculqué l'art de peindre des personnages dans des attitudes pleines de grâce ainsi que le sens de l'espace, sut conférer à ses compositions une sérénité toute classique. Le thème de la maternité, qu'il a traité de nombreuses fois et toujours de façon magistrale, témoigne de l'équilibre intérieur d'un artiste exceptionnellement doué. Vers la fin de sa courte existence, il se laissa cependant influencer dans une certaine mesure par la forte personnalité de Michel-Ange dont le tempérament impétueux était exactement à l'opposé de sa tranquille assurance.

On peut dire de Michel-Ange Buonarroti qu'il a été le plus grand sculpteur de la Renaissance et fut sans doute l'un des plus grands peintres de cette époque bien qu'il ait affirmé n'avoir aucune compétence dans ce domaine.

Ses dessins montrent à quel point il était expert dans l'art de représenter le corps humain qu'il pouvait reproduire dans toutes les attitudes, sans aucun modèle. Comme sa conception de la beauté se confondait avec son idée de la puissance, il créa presque toujours des personnages puissants et gigantesques. Son *David*, dont on peut voir la reproduction sur la place de la Signoria à Florence, sa *Pietà*, le *Moïse* et les tombeaux de Julien et Laurent de Médicis sont autant de chefs-d'œuvre de la sculpture que le monde entier admire. A la même époque, en Vénétie, la peinture était illustrée par Titien, Mantegna, Giambellino, Giorgione, Lotto, Sebastiano del Piombo, Véronèse et le Tintoret. Alors qu'en Italie, la création de communes indépendantes favorisait le développement culturel et artistique, dans la partie nord de la France et dans les Flandres, le même événement provoquait la naissance d'un vaste mouvement de renouvellement artistique que l'on a appelé depuis, de façon impropre d'ailleurs : l'*art gothique*. L'art européen qui, à la fin du XIIIe siècle, avait été avant tout un reflet de l'art oriental trouva alors sa propre personnalité.

Dans un premier temps, ce mode d'expression artistique se manifesta dans les œuvres architecturales ; mais rapidement, il marqua de son empreinte aussi bien la sculpture que la peinture. Les artistes de la période gothique puisaient leur inspiration dans les formes de la nature qu'ils étudiaient, copiaient et stylisaient ; améliorant sans cesse leur travail, ils parvinrent à des résultats très proches de ceux de l'art grec dont, depuis au moins huit siècles, on voulait ignorer l'existence, enfouissant dans le sol les statues païennes et détruisant les temples antiques. Aux statues grossières et dépourvues de grâce des premières cathédrales gothiques succédèrent peu à peu des œuvres dont les formes et les attitudes devenaient toujours plus proches de la réalité naturelle. L'école gothique qui se développa parallèlement à celle de la Renaissance donna naissance à un style de peinture appelé *gothique international*, dont les manifestations apparurent dans toute l'Europe.

Les cathédrales gothiques sont célèbres par leur élégance et la variété de leurs formes ; nous n'en citerons que quelques-unes : le Dôme de Milan, Notre-Dame de Paris, Notre-Dame d'Amiens, les cathédrales de Chartres et de Strasbourg, de Saint-Michel et Sainte-Gudule de Bruxelles...

Parmi les plus grands peintres gothiques, il faut nommer les Flamands Van Eyck (1390-1441), Van der Weyden (1400-1464), Van der Goes (1440-1482) et Memling (1443-1494), les français Fouquet (1418-1480), Froment (v. 1435-1484), Quarton (v. 1410-1462), le maître de Moulin (XVe siècle). Il faut ajouter l'Allemand Dürer (1471-1526) qui subit l'influence de la Renaissance et devint célèbre grâce à ses nombreuses gravures de grande qualité.

Au fur et à mesure que les années passaient, la perfection technique et la beauté pleine de charme des œuvres des peintres de la Renaissance finirent par éclipser, dans les pays nordiques comme ailleurs, la peinture gothique qui disparut presque totalement pour céder la place à la manière italienne. La supériorité indiscutée des trois grands artistes italiens (Léonard de Vinci, Raphaël et Michel-Ange) favorisa la création d'une école de peinture appelée *maniériste* qui enseignait que, désormais, on ne pouvait peindre qu'à la manière de tel ou tel grand peintre. Les membres les plus éminents de l'école maniériste furent : le Corrège, Bernardino Luini, Andrea del Sarto, le Parmesan, Bronzino et Pontormo.

En France, au XVIIᵉ siècle, l'œuvre du peintre Nicolas Poussin, maître de la manière classique, annonce l'avènement d'un art typiquement français. Le peintre des Andelys réalisa de très nombreux tableaux dont *La Suite des quatre saisons, Les bergers d'Arcadie...*

A la suite de la décadence des communes et de l'instauration des seigneuries, les artistes qui, jusqu'alors, avaient toujours mis leurs talents au service du peuple, furent amenés, en raison de la nouvelle situation créée, à glorifier les actions de leurs nobles et riches commettants au lieu d'exprimer des idées et des faits ayant un caractère général. D'autre part, ils avaient atteint une telle habileté et une telle maîtrise que, désireux de mettre celles-ci en évidence, ils créèrent des compositions pleines de mouvement où les personnages semblent être agités par des sentiments profondément dramatiques dont les effets imprègnent l'ensemble de la scène représentée. Les corps sont agités par d'extravagantes contorsions, les personnages ont des attitudes théâtrales et l'éclairage est quelquefois réellement dramatique.

En raison de ces étrangetés, les contemporains de ces manifestations artistiques les qualifièrent de *baroques*, c'est-à-dire "extravagantes". L'un des plus célèbres représentants italiens de cet art baroque fut le Tintoret dont on peut admirer les grandes compositions dramatiques du Palais ducal, à Venise.

En Espagne, le nouveau style fut introduit par son élève, le Greco qui remporta un succès remarquable.

Parmi les peintres italiens influencés par l'art baroque, nous citerons : Barrocio, Allori qui peignit la belle *Judith*, Guido Reni qui exécuta une *Aurore* bien connue, les frères Carrache, fondateurs de la première académie de peinture, le Dominiquin, auteur de la grande toile intitulée *la Communion de saint Jérôme* et Girolamo Pozzo qui fut un prodigieux peintre de fresques. Le Caravage doit être cité séparément des précédents car son œuvre, empreinte de naturalisme direct, le mit en opposition ouverte avec les partisans de l'académisme qui était en train de s'instaurer.

Tiepolo fut un valeureux continuateur de la tendance baroque jusque vers la fin du XVIIIᵉ siècle ; on le considère comme ayant été le dernier génie de la peinture italienne. Parmi les peintres français, il faut citer l'élégant Watteau (1684-1721), auteur de *L'embarquement pour Cythère, La finette* et *L'indiffé-*

rente et le sensuel Fragonard (1732-1806), connu pour son style fougueux et sensible à travers un grand nombre de tableaux : *Le verrou, Le baiser à la dérobée, La fête de Saint-Cloud*. Chez les Belges c'est Rubens, le sanguin, qui domine. On peut admirer au Louvre la série des vingt et une compositions de *La vie de Marie de Médicis*, exécutée pour le palais du Luxembourg.

Le plus grand sculpteur de l'époque baroque fut, sans doute, le Bernin qui réalisa, entre autres œuvres, la colonnade de la plante Saint-Pierre et la fontaine de Trevi à Rome.

Le style baroque qui marqua la décadence de l'art italien devint en France, sous le règne de Louis XIV, le style officiel. Pour être à la mode, les palais, châteaux, meubles, sculptures, peintures, bijoux et vêtements devaient être baroques ; or, à cette époque, c'était la cour du roi qui édictait les canons de la mode. L'art baroque et ses dérivés se succédèrent en France pendant les XVIIe et XVIIIe siècles ; ils constituèrent successivement les styles Louis XIV, Louis XV et Louis XVI. Ainsi, la France unifiée, consolidée, intérieurement et relativement prospère, possédait-elle la primauté dans le domaine artistique, primauté que l'Italie morcelée et dominée par les étrangers avait été contrainte d'abandonner. Vers la fin du XVIIIe siècle, alors que la monarchie française était à son déclin, le style baroque fut supplanté par un style qui s'inspirait de la sculpture classique grecque et que l'on a appelé *néo-classicisme* ; celui-ci était essentiellement caractérisé par des formes harmonieuses, sereines et équilibrées, obtenues par l'application de règles rigides, qui contrastaient avec les formes capricieuses et tourmentées de l'art baroque.

Parmi les meilleurs peintres français de l'époque néo-classique se trouvent David (1748-1825), auteur de nombreuses toiles aux dimensions imposantes dont *Le Serment des Horaces*, le *Sacre de Napoléon, Léonidas aux Thermopyles*. En Italie, le plus éminent représentant de cette tendance fut le sculpteur Antonio Canova. La période favorable à l'art classique avait été celle de la Révolution et du Premier Empire ; après la chute de Napoléon, la vogue du néo-classicisme diminua quelque peu et fit place au *romantisme*. Pour les romantiques, le néo-classicisme était une conception archaïque de l'art ; ils revendiquaient pour celui-ci les droits à la fantaisie, à l'expression de la sensibilité, au mysticisme et au mystère.

Les grands noms de la peinture romantique française sont ceux du fougueux Delacroix (1798-1863), auteur d'un *Dante aux enfers*, et Devéria le mystique, auteur de *La naissance d'Henri IV*, tableau conservé à Pau qui furent les contemporains des grands romanciers romantiques : Victor Hugo et Balzac.

En Italie, certains artistes furent romantiques pendant une partie de leur carrière : le peintre Hayez, auteur du célèbre *Baiser* qui se trouve à la Galerie Brera à Milan, Fontanesi, spécialiste du paysage, etc.

En Angleterre, le romantisme pictural de Dante Gabriel Rossetti trouva un écho très favorable. En Espagne, les peintures et les eaux-fortes de Francisco Goya, œuvres remarquables par leur climat dramatique, caractérisèrent la production artistique de toute une période de l'histoire de ce pays.

En Italie, alors qu'Hayez était devenu romantique après avoir été à l'origine un adepte du néo-classicisme, Morelli, quant à lui, fut un romantique qui évolua vers le *réalisme*, nouvelle tendance picturale soucieuse de reproduire exactement la réalité, sans préoccupation de style et qui fit preuve d'une évidente prédilection pour les sujets à caractère social. Outre Morelli, connu pour sa toile intitulée *les Tentations de saint Antoine*, on peut citer Toma et son tableau : *Luisa Sanfelice en prison*, et bien d'autres aujourd'hui presque totalement oubliés.

En France, où la peinture réaliste était née de la volonté tenace de Courbet dont le tableau *les Casseurs de pierres* eut l'effet d'un manifeste, le réalisme fut représenté par deux artistes de talent : Daumier et Millet.

Même dans la lointaine Russie, le réalisme pictural se manifesta à travers les œuvres d'un Riepin dont chacun connaît le tableau pathétique intitulé *les Haleurs de la Volga*, œuvre qui représente le dur travail des hommes sur le grand fleuve. La négation des règles académiques et le retour à la nature, principes défendus par les mouvements romantique et réaliste, provoquèrent la naissance d'une forme particulière de réalisme pour laquelle l'essentiel consistait à rendre d'abord la vivacité des tons des scènes ensoleillées. Cette tendance insistait également sur la nécessité de transposer rapidement sur la toile les impressions reçues visuellement. Elle prit le nom d'*impressionnisme*.

En Italie, cette nouvelle théorie artistique se manifesta sous une forme particulière : le *tachisme*, peinture consistant à superposer des taches de couleurs. Giovanni Fattori, Silvestro Lega, et bien d'autres peintres italiens furent les représentants de cette tendance.

En France, parmi les fondateurs et les adeptes du mouvement impressionniste figurent des artistes de renommée mondiale tels que Renoir, Manet, Degas, Sisley, Berthe Morisot et d'autres encore. Le mouvement impressionniste, né avec le tableau de Monet *Impression, soleil levant*, connut une grande fortune critique ; il est une réaction à la peinture officielle. Monet qui est le principal animateur du mouvement achève, avec les *Nymphéas* et les *Jardins*, son œuvre picturale. La recherche toujours plus exclusive des effets de couleurs se développa au détriment du contenu même du tableau ; finalement, de nombreux peintres ne virent plus que l'aspect technique de la peinture, réduisant celle-ci à un thème de discussions pour intellectuels énonçant des théories de plus en plus compliquées.

Dans ces mêmes années, les développements de la photographie contribuaient à donner un regain de vigueur aux conceptions naturalistes en matière de peinture ; mais d'autres raisons intervinrent dans la perte d'influence subie par la tradition picturale des siècles précédents, laquelle conservera malgré tout une place privilégiée dans les écoles et les académies. A la fin du XIXe siècle et au début du XXe, les deux tendances picturales — l'académique et la moderne — coexistaient au sein d'un marché artistique en plein développement qui pouvait absorber les productions de ces deux tendances.

Les premiers romantiques avaient demandé le droit pour l'artiste de jouir d'une liberté d'inspiration totale ; celle-ci est désormais un fait acquis.

Le monde de la peinture est continuellement en mouvement. Après les impressionnistes est venu le temps des *expressionnistes* dont le credo artistique se fondait sur une conception réaliste mais qui, dans leurs œuvres, accentuaient à l'extrême les accidents des formes et les tonalités de couleurs.

Puis vinrent les *symbolistes* dont les créations artistiques ont un caractère indéfinissable, énigmatique et symbolique. Avec le peintre Georges Braque (1882-1963) naîtra le *cubisme* ainsi appelé parce qu'il prétend traduire les formes naturelles à l'aide de figures géométriques. Picasso (1881-1973) participera à cette réflexion originale : *Les demoiselles d'Avignon, Nature morte à la guitare...*

Ensuite vinrent les *surréalistes* tels que Dali (1904-1989), l'irrationnel peintre à l'œuvre touffue (*La persistance de la mémoire, Le Christ de Saint-Jean de-la-Croix*), ou Max Ernst (1891-1976), l'auteur entres autres toiles de : *La belle jardinière, le Couple*, à l'inspiration pleine de poésie, ou encore le fantasque Alberto Martini...

En Italie, vers 1910, apparaît le mouvement *futuriste* qui associe enseignements de l'école *divisionniste* et de l'école *cubiste* à une vision enthousiaste, presque enfantine, de la civilisation mécanique.

Très rapidement, les tendances picturales vont se transformer en une multiplicité de tentatives individuelles dont la caractéristique commune est la recherche de l'originalité, à tout prix. Désormais les modes artistiques se succèdent et se chevauchent à un rythme endiablé ; à peine a-t-on prêté quelque attention au *pop'art* que, déjà, apparaît une autre forme baptisée *op'art*, laquelle sera à son tour éclipsée par quelque autre trouvaille lancée sur le marché des arts.

Certes, l'agitation du monde moderne et les lois particulières du marché ne sont pas des phénomènes favorables au recueillement indispensable au développement des arts ; cependant, il existe toujours des peintres et des dessinateurs de qualité capables de regarder vers le futur sans pour autant oublier les saines traditions d'un glorieux passé.

Le dessin géométrique

Avant toute autre chose, il est nécessaire de préciser qu'avant d'aborder le dessin à main levée, l'élève doit faire un certain nombre d'exercices de dessin géométrique. En effet, dans le dessin à main levée, on trouve à tout moment des notions telles que : *ligne horizontale, ligne verticale* ou *oblique, lignes convergentes, lignes divergentes, cercle, ellipse* et l'on a affaire à des concepts comme *proportion, plan, angle, structure schématique,* comme dans le dessin géométrique. Les principaux instruments utilisés pour l'exécution de dessins géométriques sont : la règle, l'équerre et le compas qui permettent de tracer, avec facilité et précision, les lignes droites ou courbes qui caractérisent précisément les formes *géométriques* dont l'origine se perd dans la nuit des temps.

La présence dans le langage courant de termes tels que *carré, rond, triangulaire, cylindrique,* etc. révèle l'ancienneté et l'importante d'expressions parfaitement irremplaçable que l'on rencontre dans la description des formes naturelles ou dans le vocabulaire professionnel.

Lorsque l'élève aura bien assimilé les notions fondamentales du dessin géométrique, il en comprendra immédiatement la valeur pratique aussi bien en ce qui concerne leur utilisation dans le dessin d'après nature que dans le dessin décoratif ou encore, lors de l'étude de la perspective ou du dessin professionnel.

En outre, les exercices de dessin géométrique habituent la main à la rapidité nécessaire, lui donnent la précision et lui permettent d'acquérir les habitudes de propreté indispensables, tandis que l'œil, pour sa part, apprend à évaluer les dimensions et les proportions, éléments fondamentaux du dessin.

Pour l'exécution des dessins géométriques, il est recommandé d'employer un papier à dessin bien lisse et un crayon à mine de dureté moyenne. N'importe quelle table ayant un plateau parfaitement plat peut servir de support à la feuille de papier lors de la réalisation des divers exercices.

Comme la précision est de rigueur, le crayon devra être toujours bien taillé et la pointe bien aiguisée ; les mesures devront être prises avec la plus grande exactitude.

Lorsque les dessins ont un caractère définitif, ils sont habituellement exécutés à l'encre de Chine. Dans ce cas, il est recommandé de procéder comme suit : dans un premier temps, tracer au crayon au moins les lignes principales afin de pouvoir, si nécessaire, effectuer des corrections. Ensuite, ces traits seront reproduits à l'aide d'un tire-ligne, instrument permettant de tracer des lignes toutes épaisseurs avec le maximum de netteté. En effet, la plume utilisée habituellement pour exécuter les dessins à main levée ne permet pas de tracer les figures géométriques avec la netteté et la régularité d'épaisseur indispensables ; pour cette raison, il faut employer le tire-ligne qui a été créé dans ce but précis. Celui-ci se compose essentiellement de deux lames métalliques pointues entre lesquelles coule une goutte d'encre de Chine qu'on a, au préalable, versée à l'aide d'une compte-gouttes approprié ; l'écartement des deux lames est réglé au moyen d'une vis. Pour tracer les lignes droites, on fixe généralement le tire-ligne à un manche analogue à celui d'un pinceau ; pour les lignes courbes, on le fixe au compas au moyen de la vis prévue à cet effet.

Si cela est nécessaire, on peut effacer les taches d'encre ou les erreurs éventuelles avec une gomme à encre ou un grattoir, ou encore, avec un peu de peinture blanche en détrempe (ou peinture à la colle) que l'on applique au pinceau. Cependant, il est déconseillé d'utiliser fréquemment de tels moyens de correction ; un bon dessin géométrique doit être exécuté sans bavures ni retouches car il est généralement destiné à être reproduit photographiquement ou en héliographie, procédés qui font ressortir les corrections.

Lorsque le dessin comporte des parties coloriées en noir et doit être reproduit photographiquement, il est recommandé de mélanger un peu de détrempe noire à l'encre de Chine afin d'éviter que certaines zones particulièrement brillantes prennent sur la photographie des teintes grises ou blanches.

Planche I

Exercices préliminaires

La planche I montre comment doivent être exécutés quelques exercices préliminaires. Par exemple, pour obtenir la perpendiculaire à un segment de droite, il suffit, en plaçant la pointe du compas à chacune des extrémités du segment, de tracer deux arcs de cercle ayant un rayon supérieur à la moitié de la longueur du segment. La verticale passant par les points d'intersection de ces arcs de cercle est la perpendiculaire cherchée.

Pour élever une perpendiculaire à l'extrémité d'un segment de droite, on place la pointe du compas en un point non situé sur ce segment (point X de la figure 2) et l'on trace un arc de cercle passant par l'extrémité du segment et le coupant en un point quelconque (P). En traçant la ligne P - X et en la prolongeant, on rencontre l'arc de cercle obtenu précédemment en un point situé sur la verticale passant par l'extrémité du segment. Il suffit alors de joindre ces deux points pour obtenir la perpendiculaire désirée.

La perpendiculaire à un segment de droite passant par un point donné (S sur la figure 3) non situé sur cette droite est obtenue de la façon suivante: la pointe du compas étant placée au point S, on trace un arc de cercle qui coupe le segment de droite (voir, sur la figure, les points R et T). En prenant ces deux points comme centres, on décrit deux autres arcs de cercle qui se rencontrent en un point à partir duquel on trace une ligne rejoignant le point S. Cette ligne résultante est la perpendiculaire que l'on voulait obtenir.

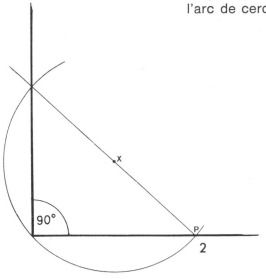

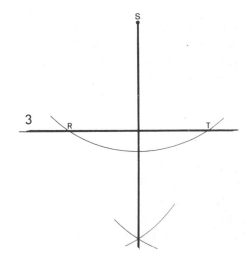

Tracés d'angles et de segments

Un segment de droite parallèle à un segment de droite donné s'obtient de la façon suivante: la pointe du compas étant placée successivement en deux points quelconques de ce segment, on décrit deux arcs de cercle dont le rayon est égal à la longueur de l'intervalle devant séparer les deux parallèles (fig. 4). La tangente commune à ces deux arcs de cercle est le segment de droite désiré.

Pour construire un angle égal à un angle donné, on place la pointe du compas au sommet de cet angle et on trace un arc de cercle coupant ses deux côtés. Après avoir tracé le segment de droite qui sera l'un des côtés de l'angle à obtenir, on place la pointe du compas à son extrémité et l'on décrit un arc de cercle de rayon égal au premier. Après avoir mesuré, avec le compas, la longueur de la corde du premier arc de cercle, on la reporte sur le second, ce qui permet de déterminer le point par lequel passera le deuxième côté de l'angle à construire (fig. 5). Pour construire un angle ayant une valeur égale à plusieurs fois celle d'un angle donné, on procédera comme dans le cas précédent, en reportant la corde de l'arc de cercle autant de fois que la valeur de l'angle initial est contenue dans celle de l'angle à construire (fig. 6).

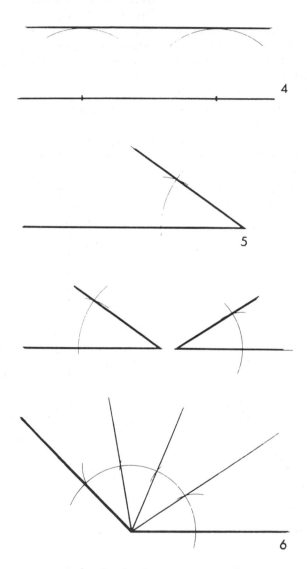

4

5

6

Planche III

Division des angles

Pour diviser un angle en deux parties égales, on place d'abord la pointe du compas au sommet de cet angle et l'on trace un arc de cercle coupant ses deux côtés; puis, la pointe du compas étant placée successivement en chacun des deux points ainsi obtenus, on décrit deux arcs de cercle de même rayon (la longueur de ce rayon est fixée arbitrairement). Ces deux arcs se rencontrent sur la bissectrice de l'angle (fig. 7).

Soit deux segments de droite convergents dont le sommet de l'angle qu'ils forment n'est pas indiqué. La bissectrice de cet angle est obtenue en procédant comme suit: on fixe arbitrairement un point sur chacun des segments (points R et S sur la figure 8) et l'on trace la droite unissant ces deux points.

On détermine ainsi quatre angles que l'on divise en appliquant la méthode utilisée dans l'exercice précédent. Les lignes bissectrices de ces angles se coupent deux par deux et leurs points d'intersection se trouvent sur la bissectrice de l'angle formé par les deux droites initiales. On divise un angle en quatre parties égales en le divisant d'abord en deux, puis en divisant en deux chacune des moitiés ainsi obtenues (fig. 9).

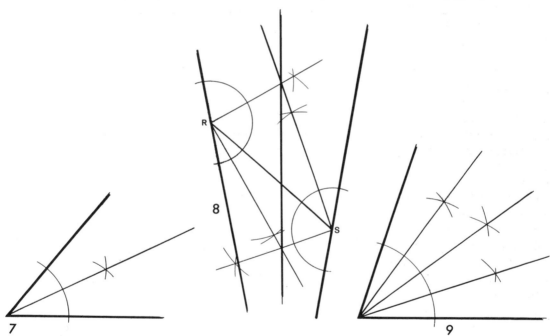

7   8   9

25

Planche IV

Equerrage et division en segments

Habituellement, les dessins géométriques sont exécutés sur des feuilles de papier de forme exactement rectangulaire. Pour réaliser facilement un tel équerrage, on trace les diagonales de la feuille et, à leur point de rencontre, on place la pointe du compas à l'aide duquel on marque sur ces diagonales les sommets du rectangle (fig. 10).

Pour partager un segment de droite en parties égales, on trace d'abord, en partant de l'une des extrémités de ce segment, une seconde droite (fig. 11). On divise celle-ci en un nombre de parts égal au nombre de parts à obtenir sur le segment de droite initial en reportant sur la seconde droite une ouverture de compas quelconque. Puis on réunit la dernière des divisions (L) à l'extrémité libre du segment de droite à diviser (M). Enfin, en prenant comme origine chacune des divisions suivant le point L, on trace les parallèles à la ligne ML, ce qui permet de déterminer sur le segment de droite initial les points de partage recherchés.

Lorsqu'on veut réunir deux parallèles à l'aide d'un demi-cercle, on trace d'abord une perpendiculaire à ces deux parallèles afin d'en déterminer exactement les extrémités (procéder comme indiqué à la figure 2); puis, on divise cette perpendiculaire en deux parties égales (voir figure 1). On place ensuite la pointe du compas au point ainsi déterminé sur cette perpendiculaire et l'on trace le demi-cercle que l'on veut obtenir (fig. 12).

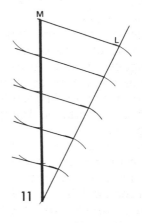

11

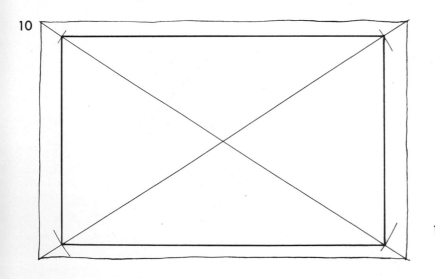

10

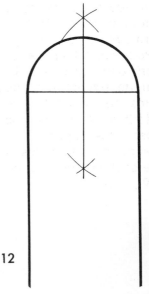

12

Planche V

Triangle et carré

Connaissant la base d'un triangle équilatéral, on détermine le sommet de celui-ci de la façon suivante: on place la pointe du compas successivement à chacune des extrémités de cette base; en prenant comme rayon une ouverture de compas égale à la longueur de cette base, on trace deux arcs de cercle dont le point d'intersection est le sommet du triangle (fig. 13).

Pour construire un carré dont on connaît le côté a, il faut d'abord tracer une perpendiculaire b à l'une des extrémités de ce côté. Ensuite, avec une ouverture de compas égale à la longueur de ce côté, on détermine les limites des trois autres côtés (fig. 14).

Pour obtenir un carré inscrit dans un cercle, il suffit de tracer deux diamètres se coupant à angle droit et de réunir ensuite par des lignes droites leurs quatre points d'intersection avec le cercle (fig. 15).

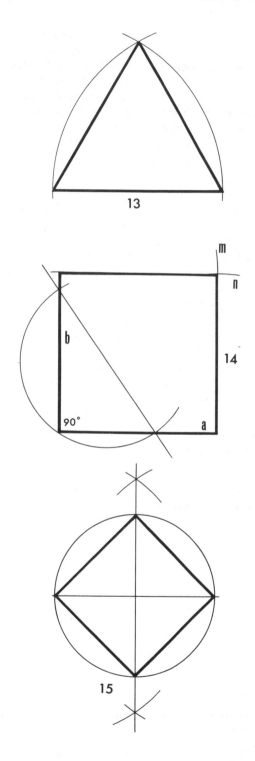

13

14

15

Planche VI

Construction de polygones

Pour dessiner un hexagone régulier, inscrit dans un cercle, on place la pointe du compas à chacune des extrémités du diamètre et, avec une ouverture de compas égale au rayon du cercle, on trace deux arcs de cercle qui coupent la circonférence en quatre points. Ceux-ci constituent, avec les deux points d'intersection du diamètre et de cette circonférence, les sommets de l'hexagone (fig. 16).

Un pentagone régulier s'obtient en partant d'une circonférence dont on trace deux diamètres se coupant à angle droit. On place ensuite la pointe du compas au centre d'un rayon horizontal (point F sur la figure 17); avec une ouverture de compas égale à la distance entre ce point et l'une des extrémités du diamètre vertical, on trace un arc de cercle coupant le diamètre horizontal en un point (H). La distance G - H représente la longueur du côté du pentagone.

Pour construire un polygone régulier inscrit dans un cercle et ayant un nombre quelconque de côtés, il faut appliquer la méthode suivante: on divise le diamètre vertical en autant de parties égales que le polygone aura de côtés et l'on numérote ces parties. Puis, avec une ouverture de compas égale au diamètre du cercle, on trace deux grands arcs de cercle qui se coupent à l'extérieur du cercle initial, aux points indiqués sur la figure. En partant de ces deux points, on trace les lignes droites passant par les divisions du diamètre ayant un numéro pair; ces lignes rencontrent la circonférence en des points qui sont les sommets du polygone à construire (fig. 18).

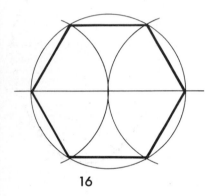

16

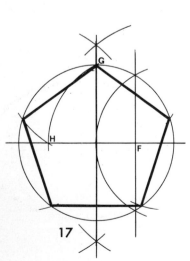

17

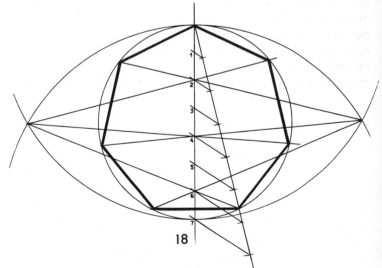

18

Planche VII

Ovales et formes ovoïdes

Le tracé des formes ovales et ovoïdes ne présente pas de difficulté particulière. En partant d'un axe horizontal, on obtient un ovale en traçant tout d'abord deux cercles de rayon égal au tiers de la longueur de l'axe; ces cercles sont disposés de telle sorte que la circonférence de l'un passe par le centre de l'autre. Pour les réunir, on place la pointe du compas en chacun des points où ils se coupent et en traçant les arcs de cercle tangents (fig. 19). On dessine un œuf (fig. 20) en partant d'un cercle et de deux arcs de cercle ayant pour rayon le diamètre du cercle. Le prolongement des deux obliques passant par les extrémités des deux diamètres qui se coupent à angle droit permet de déterminer les limites des courbes de grand rayon et de la courbe plus petite constituant la pointe de l'œuf. Cette dernière courbe est tracée en plaçant la pointe du compas à l'intersection des deux lignes obliques. Si l'on répète la même opération opposée, on obtient un ovale particulier. En partant d'un axe horizontal et d'un axe vertical, on dessine l'ovale passant par leurs extrémités en procédant de la façon suivante: on réunit les deux extrémités voisines de ces deux axes au moyen d'une droite oblique. Sur celle-ci, on marque, en partant de l'extrémité de l'axe vertical, une distance égale à la différence existant entre la longueur de l'axe horizontal et celle de l'axe vertical. Cette droite est alors divisée en deux segments de longueurs inégales. Sur le plus grand (tracé en trait gras sur la figure 21) et en son milieu, on élève une perpendiculaire qui coupe le demi-axe horizontal et le demi-axe vertical en deux points. La pointe du compas étant placée en chacun de ces deux points, on trace ensuite les courbes qui constitueront l'ovale.

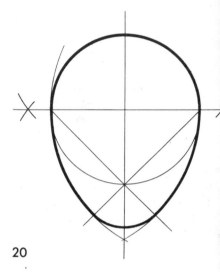

20

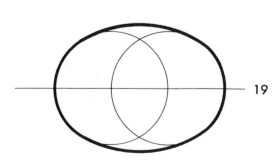

19

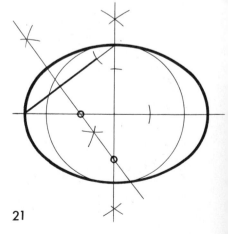

21

Planche VIII

Cercles tangents

Soit une circonférence et deux points dont l'un (R) est situé à l'extérieur tandis que l'autre (S) est sur la circonférence même. Pour obtenir un cercle passant par ces deux points et tangent au premier, il y a lieu de procéder comme suit: on réunit les deux points par une ligne droite, puis on trace une autre ligne droite passant par le centre du premier cercle et par le point (S) situé sur celui-ci. Cette droite est prolongée à l'extérieur du cercle. Ensuite, on trace la perpendiculaire au segment S-R qui va couper la seconde droite en un point (T). Celui-ci sera le centre du cercle à construire (fig. 22).

Soit un cercle et deux points U et N dont l'un (U) est sur le cercle tandis que l'autre est à l'intérieur de celui-ci (point N). On obtient un cercle passant par ces deux points en traçant d'abord une ligne droite réunissant le centre du cercle (O) au point situé sur la circonférence (U); puis on trace une autre droite unissant U et N. La perpendiculaire élevée au milieu de cette dernière coupe la précédente en

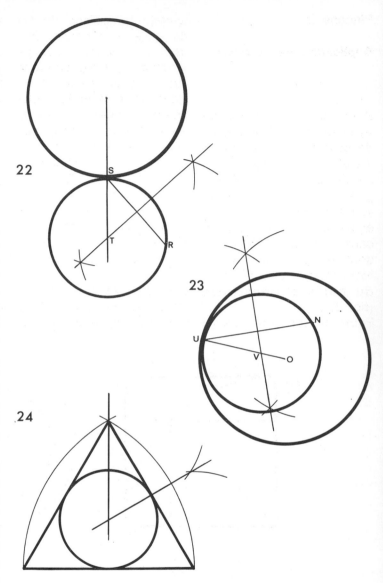

un point (V) qui est le centre du cercle cherché (fig. 23).

Pour dessiner un cercle inscrit dans un triangle équilatéral et tangent aux côtés de celui-ci, il suffit de tracer les perpendiculaires élevées au milieu de deux des côtés. L'intersection de celles-ci est le centre du cercle inscrit dans le triangle que l'on veut construire (fig. 24).

Planche IX

Duplication de surfaces

Pour obtenir un carré ayant une superficie double de celle d'un carré donné, il suffit de prolonger la base de celui-ci d'une longueur telle que la nouvelle base ainsi obtenue soit égale à la diagonale du carré initial, diagonale dont la longueur est effectivement celle du côté du carré à construire (fig. 25).
Pour tracer un cercle ayant une surface double de celle d'un cercle donné, on prend comme rayon du nouveau cercle la longueur du segment de droite réunissant les deux points d'intersection du premier cercle avec ses diamètres (horizontal et vertical) qui se coupent à angle droit (fig. 26).
Pour construire un rectangle d'une superficie double de celle d'un rectangle connu, et ayant les mêmes proportions que celui-ci, on procède ainsi: l'un des grands côtés du rectangle initial est prolongé d'une longueur égale à sa hauteur. Puis, on trace un arc de cercle dont la corde aura une dimension égale à la hauteur du nouveau rectangle. Ayant tracé cette hauteur et partant de l'extrémité de celle-ci (P), on mène, parallèlement à la base, une ligne droite qui rencontrera le prolongement de la diagonale du premier rectangle en un point (H) qui marque la limite du côté supérieur. A partir de ce point, on abaisse une perpendiculaire sur la base afin d'achever de cette façon le tracé du rectangle recherché (fig. 27).

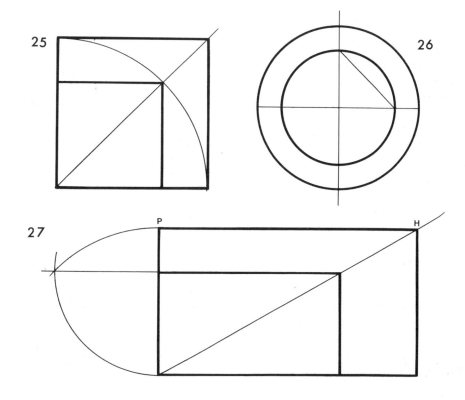

Dessins de motifs décoratifs

L'art décoratif a pour objet d'embellir le cadre dans lequel nous vivons; ses manifestations sont multiples et concernent aussi bien les châteaux que les bijoux, les vitraux ou les ouvrages de ferronnerie, les livres et les meubles, les vases comme les tissus. De tout temps, les artistes et les artisans ont utilisé les ressources de leur imagination et de leur habileté technique pour créer des éléments décoratifs toujours nouveaux, susceptibles d'être agréables aussi bien à l'œil qu'à l'esprit.

Il existe des liens de parenté étroits entre la structure des motifs décoratifs et le dessin géométrique. D'une façon générale, le fait que des éléments soient agencés dans un ordre bien défini crée une impression d'équilibre esthétique qui est l'une des caractéristiques essentielles de la décoration. Afin de ne pas sortir du cadre de cet ouvrage introductif à l'art du dessin et pour bien montrer que la décoration découle du dessin géométrique, les motifs décoratifs que nous allons analyser dans les pages qui suivent seront exécutés avec les instruments nécessaires au dessin géométrique. Lorsqu'il possédera une maîtrise suffisante du dessin à main levée, le débutant pourra passer à l'étude de motifs décoratifs plus complets tels que, par exemple, ceux qui sont présentés en détail dans le chapitre réservé au dessin professionnel.

Planche I

Le damier

Le nombre de motifs que
l'on peut réaliser en com-
binant les figures géomé-
triques de base est pres-
que infini; il suffit de penser qu'une seule figure
géométrique (carré, cer-
cle, triangle) peut être reproduite avec des dimen-
sions et dans des positions
infiniment variées, ce qui
permet de composer des
motifs décoratifs très complexes et très différents.
La planche I montre com-
ment, en partant d'un simple damier, on peut obte-
nir un motif décoratif inté-
ressant grâce à l'utilisation rationnelle des diagonales qui délimitent les zones claires et obscures.
Bien entendu, chacun peut
colorier à son gré les carrés et les triangles, en va-
riant les effets chromati-
ques selon ses goûts per-
sonnels et en fonction de
l'objectif à atteindre.

Planche II

Mosaïque de carrés

On peut facilement créer un autre motif décoratif dont le carré sera encore l'élément de base. En traçant des lignes verticales et horizontales, on divise une surface rectangulaire en un certain nombre de carrés dont les côtés sont, à leur tour, divisés en trois parties égales. En réunissant ces divisions de façon appropriée, on obtient des carrés plus petits inclinés tantôt à droite, tantôt à gauche.

Il suffit de remplir avec une couleur quelconque les intervalles séparant les carrés pour avoir le dessin d'un damier utilisable pour la réalisation de parquets, de carrelages ou la décoration de tissus.

On peut facilement créer des variantes de ce motif en disposant les carrés les plus grands de telle façon qu'ils soient orientés du même côté ou bien en réduisant les dimensions des carrés les plus petits ou, encore, en les transformant en disques ayant des surfaces égales.

Il faut enfin noter que chacun des carrés blancs de ce dessin peut devenir le cadre dans lequel s'inscrira un motif plus élaboré (fleur stylisée, feuille, etc.) pouvant très bien convenir pour la création de papiers peints ou de tissus destinés à des usages divers.

Planche III

Le damier à base d'hexagones

L'hexagone régulier peut également être choisi comme élément de base pour la création de motifs décoratifs.

La planche III nous montre un exemple de ce qui peut être réalisé. En prolongeant les côtés d'un premier hexagone construit selon les règles indiquées dans le chapitre précédent et en traçant les parallèles à ses côtés, on obtient un canevas permettant de dessiner un damier composé d'hexagones. Grâce à des hachures convenablement tracées, il est possible de donner à chaque hexagone l'apparence d'un cube vu en perspective et de créer ainsi un bel effet décoratif.

Le damier à base d'hexagones peut être utilisé de diverses manières; il suffit d'apporter un peu de fantaisie dans la disposition de ses éléments. Ainsi, par exemple, on peut remplacer les hachures par des couleurs; de même, il est possible de dessiner à l'intérieur de chaque hexa-

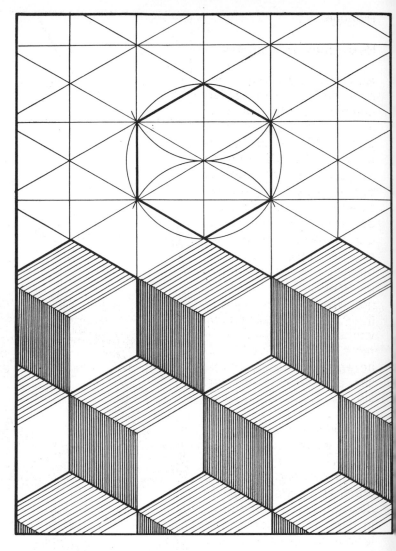

gone, n'importe quelle figure décorative pouvant convenir pour la composition d'un motif de tapisserie destiné aux usages les plus divers, etc.

Planche IV

Hexagones et triangles

Au lieu d'être l'unique élément de base d'un damier,
comme c'est le cas dans
le motif représenté à la
planche III, les hexagones
peuvent être disposés en
rangées alternées; dans ce
cas, chaque hexagone est
séparé de son voisin par
des triangles équilatéraux
qui peuvent être coloriés
comme indiqué dans la
planche IV (inversement,
on peut colorier les hexagones).

Il est possible de conce-
voir une disposition diffé-
rente selon laquelle, les
hexagones étant superpo-
sés partiellement les uns
sur les autres, on crée un
effet décoratif riche de
suggestions nouvelles. On
peut aussi séparer les
hexagones les uns des
autres de façon à insérer
entre eux d'autres figures
décoratives qui enrichiront
le motif et permettront de
le faire varier selon la fantaisie de l'exécutant.

Les hexagones peuvent
aussi être placés de fa-
çon à créer entre eux des
emplacements en forme
d'étoiles; ou bien, ils peuvent être utilisés comme
point de départ d'un mo-
tif constitué par des ru-
bans entrecroisés ou par
des lignes brisées com-
me dans le motif appelé
"grecque" que chacun
connaît.

Planche V

Motifs en forme d'étoiles

En partant d'une circonférence divisée en parties égales selon la règle indiquée dans le chapitre précédent, il est possible de créer de très nombreux motifs décoratifs en forme d'étoiles dont nous montrons, ci-dessous, un des modèles les plus simples.
En modifiant la disposition, le nombre et les couleurs des éléments de base dont l'entrelacement sera étudié avec soin, on obtiendra des résultats du plus bel effet. Bien entendu, ces résultats dépendent avant tout de la façon dont chacun est capable de dessiner. Il ne faut jamais oublier que c'est en pratiquant le dessin que l'on apprend à dessiner. C'est par un travail continu que l'on peut acquérir de nouvelles possibilités d'expression et faire régulièrement des progrès.
Signalons en passant que les églises et les châteaux offrent à nos regards de nombreux exemples de rosaces décoratives. Sa curiosité aidant et s'il sait observer attentivement autour de lui, le débutant pourra créer des motifs nouveaux en s'inspirant aussi bien des formes naturelles que de celles inventées par les autres.

Planche VI

Les couronnes circulaires

Cette planche montre comment il est possible, en utilisant de façon convenable le cercle et l'hexagone, d'obtenir d'intéressants motifs décoratifs. Il suffit, au départ, de construire un hexagone, puis, partant de celui-ci dont les sommets serviront de centres, de tracer au compas six couronnes circulaires qui constituent le motif lui-même.

Précisons qu'il suffira de modifier la figure centrale ainsi que le rayon des cercles pour obtenir des motifs différents. Bien entendu, l'entrelacement des cercles peut être obtenu également en partant d'un segment de droite, d'un ovale ou de toute autre figure.

L'exemple reproduit ci-dessous n'est qu'une suggestion faite au dessinateur désireux d'apprendre la technique grâce à laquelle, en partant de motifs géométriques, il est possible de créer toute une gamme de motifs.

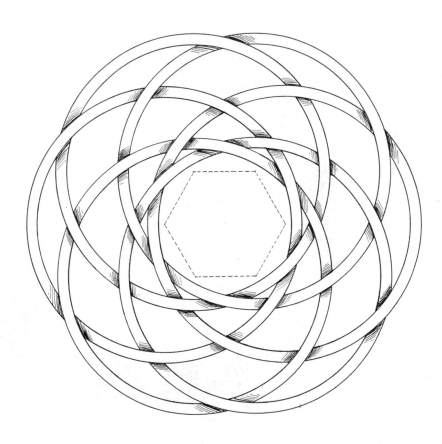

Planche VII

Des circonférences progressives

Voici une autre manière d'utiliser le cercle pour créer un motif décoratif moderne. Le procédé est simple: on trace d'abord une circonférence ayant la dimension choisie. Puis on divise son diamètre vertical en un certain nombre de parties égales. En prenant chacun des points ainsi déterminés comme centre (et en commençant par celui qui est situé le plus bas), on trace des cercles dont le diamètre va croissant et qui sont tous tangents intérieurement à la circonférence initiale au point où celle-ci est coupée par son diamètre vertical. Il ne reste plus, ensuite, qu'à colorier les espaces situés entre ces divers cercles. On obtient ainsi un effet décoratif caractéristique du genre "op'art" (c'est-à-dire *optical art* ou art visuel).

Planche VIII

Motif de style "op'art"

Le motif reproduit ci-dessous est représentatif de la tendance "op"; il est obtenu par l'entrelacement de deux éléments semblables à celui illustré par la planche VII. Après avoir tracé un premier motif identique à celui de la page précédente, on en trace un second en partant cette fois-ci de l'extrémité supérieure du diamètre. On obtient ainsi une série de circonférences entrelacées. En coloriant, à la manière d'un damier, les divers secteurs ainsi déterminés, on crée un remarquable effet de relief. De tels motifs, que l'on peut faire varier à volonté, sont particulièrement indiqués pour la composition de réclames publicitaires destinées à des journaux ou à des revues ou conçues pour être exposées dans des vitrines.

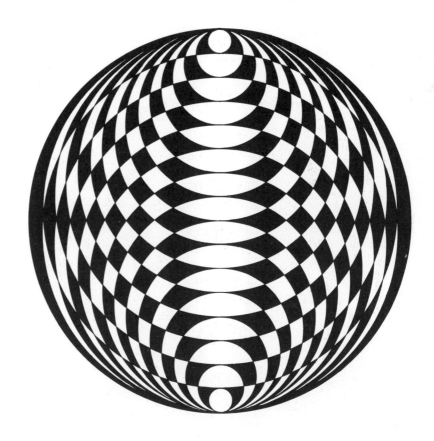

Planche IX

Motifs d'architecture

L'exercice illustré par la figure 24 du chapitre sur le dessin géométrique nous a appris comment on inscrit un cercle dans un triangle équilatéral. En partant de ce schéma, on peut dessiner un motif décoratif d'architecture de style gothique, comme celui reproduit ci-contre.

Le dessinateur pourra modifier à son gré chacun des éléments afin d'obtenir des effets très différents.

Ci-dessous est représenté un autre motif composé de cercles entrelacés. La simplicité d'exécution de celui-ci ne rend pas nécessaire une explication détaillée.

Dans ce dernier cas, on peut également obtenir des effets décoratifs très variés en modifiant le diamètre et le nombre des cercles et en coloriant ceux-ci de diverses manières.

Notions élémentaires de dessin à main levée

Lorsque le débutant saura manier avec aisance les instruments utilisés pour l'exécution du dessin géométrique, il pourra passer au stade suivant: celui des premiers exercices de dessin à main levée.

Il devra, d'abord, se procurer du papier à dessin ayant une surface un peu granuleuse, un crayon nº 2 (ou type B) et une gomme à effacer très tendre.

Notons au passage que les crayons trop durs laissent sur le papier des traces que l'on ne peut effacer tandis que les crayons trop tendres salissent le papier irrémédiablement; c'est pourquoi nous recommandons d'utiliser des crayons dont la mine aura une dureté intermédiaire, ce qui est le cas du nº 2. D'autre part, pour obtenir un tracé uniforme et propre, il est indispensable de toujours tailler soigneusement le crayon utilisé dont la pointe sera aiguisée avec du papier émeri toutes les fois que ce sera nécessaire.

Lorsqu'on dessine à main levée, il faut avoir soin de placer la feuille de papier à dessin de façon telle que le regard soit perpendiculaire au plan de cette feuille; ceci, afin d'éviter toutes les déformations qui se produisent lorsque le papier n'est pas disposé correctement. Pour cette raison, il est indiqué de travailler sur une tablette de bois léger, ayant une surface rigoureusement plane; on appuiera cette tablette sur ses genoux et sur le bord d'une table. Pour dessiner, il faut que la distance entre les yeux du dessinateur et la feuille de papier ne soit pas inférieure à 30 centimètres. Autrement, il n'est pas possible d'embrasser d'un seul regard la totalité du dessin. Or, il est indispensable de pouvoir, à tout moment, comparer la partie en cours d'exécution avec l'ensemble du dessin. Rappelons, à ce propos, que l'habitude d'approcher le visage trop près du dessin peut provoquer la myopie; en outre, lorsqu'on se tient de cette façon, la poitrine et les épaules occupent une position défectueuse qui est contraire à la fois à l'hygiène et à l'esthétique.

Papier, crayon et tablette, sans oublier une gomme tendre, sont les instruments essentiels pour l'exécution du dessin à main levée; mais, seuls, ils ne sont d'aucune utilité si le débutant ne fait pas preuve de volonté et s'il n'est pas guidé par une méthode sûre comportant des exercices gradués.

Pour un débutant, le passage du dessin géométrique au dessin à main levée constitue une épreuve extrêmement difficile. La plus ordinaire des lignes droites que l'on trace si facilement à l'aide d'une règle pose un problème ardu lorsqu'on doit l'exécuter sans instrument. La mesure de la proportion existant entre la hauteur et la largeur d'un objet déterminé, habituellement obtenue à l'aide d'une règle ou d'un compas, requiert de l'œil qui observe et de l'esprit qui apprécie la plus grande attention.

En fait, il ne s'agit pas d'une opération présentant des difficultés particulièrement importantes; il en est de même lorsqu'on apprend à lire et à écrire. Toutes les fois qu'on doit effectuer un nouveau travail, on ressent un peu d'impatience; mais les progrès et les satisfactions ne peuvent faire défaut lorsque la bonne volonté existe.

Il est évident que le dessin à main levée exécuté dans le cadre d'une activité artisanale ou artistique diffère, par les concepts et les objectifs qui lui sont propres, du dessin enseigné dans les écoles primaires. Dans ces établissements, les notions de sûreté d'exécution, de précision, de synthèse intellectuelle n'entrant pratiquement pas en ligne de compte, on se borne le plus souvent à obtenir de chaque élève le maximum de spontanéité dans l'expression graphique, et rien d'autre.

Celui qui veut, à l'aide d'un dessin, représenter correctement et complètement la réalité, même si, ce faisant, il entend s'exprimer avec la plus grande liberté, doit d'abord étudier, pas à pas, le dessin d'après nature en suivant une méthode rationnelle.

Planche I

Lignes droites tracées à main levée

Ce premier exercice a pour but d'apprendre au débutant comment il doit tracer, rapidement et correctement, des lignes droites et des courbes; il entraînera ainsi sa main à exécuter fidèlement les ordres donnés par son cerveau.

C'est de la bonne coordination du cerveau et de la main que dépend la capacité de dessiner. La planche ci-dessous montre le résultat qui doit être obtenu en s'exerçant à tracer des lignes parallèles d'épaisseur régulière et ne présentant aucune déformation, qu'elles soient verticales ou horizontales. Bien entendu, le travail doit être réalisé sans avoir recours à l'un des instru-

ments susceptibles de guider la main ou permettant de contrôler la régularité des intervalles entre les lignes; l'un des objectifs de ces premiers exercices est d'apprendre à l'œil à évaluer correctement les distances.

Après avoir acquis une dextérité suffisante, le débutant pourra dessiner des motifs aussi simples que ceux indiqués sur la planche suivante.

Planche II

Lignes droites et courbes

Pour obtenir la figure re- présentée à la partie su- périeure de cette planche, on trace tout d'abord deux droites parallèles dont l'inclinaison et l'écarte- ment sont déterminés ar- bitrairement; ensuite, on trace toutes les autres droites en respectant la pente et l'intervalle, mais en inversant la pente pour tracer les lignes qui cou- pent les premières.

La partie inférieure de cet- te planche montre com- ment on obtient un motif décoratif en associant des lignes courbes. Il ne faut pas se lancer à l'aveuglette dans l'exécution d'un tel exercice, aussi simple qu'il puisse paraître. Il est re- commandé, avant de pro- céder à la construction dé- finitive, de faire un croquis très sommaire à l'aide de lignes tracées légèrement, ceci pour situer correcte- ment le motif dans l'espa- ce qu'il doit occuper.

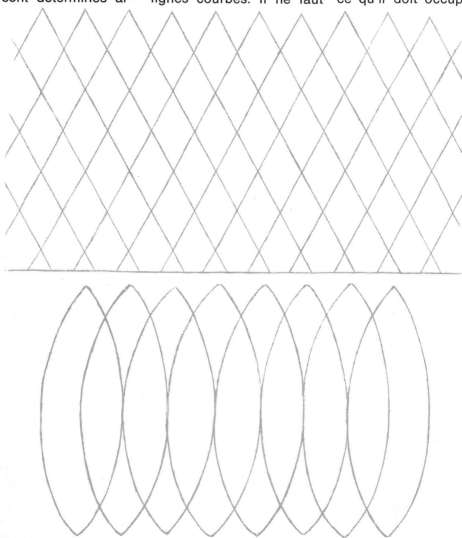

Planche III

Des figures simples

La planche III montre le tracé, obtenu sans aucun instrument, de figures géométriques simples. Cet exercice, complément logique de ceux déjà indiqués dans les deux planches précédentes, est des plus utiles pour apprendre à apprécier les proportions et pour augmenter la souplesse de la main dans l'exécution du tracé. Il y a lieu de noter que les cinq dessins ont été disposés de façon à obtenir une mise en page équilibrée. Le débutant doit concevoir lui-même et exécuter des exercices du même genre afin de développer son sens esthétique.

Croquis de fleur

Après avoir appris à des-
siner correctement des figures géométriques, le débutant peut passer au stade suivant: celui de l'application pratique des connaissances déjà acquises.
Ainsi, par exemple, tracer
le croquis d'une anémone
à l'intérieur d'un hexagone
facilite grandement la mise en place et l'exécution
du dessin définitif de cette fleur.

Un tel exercice peut sem-
bler ennuyeux et dépourvu
de tout intérêt; il est, au
contraire, très utile pour
acquérir rapidement la
maîtrise du langage pic-
tural. Ce dessin de fleur
suggère la création de divers motifs décoratifs parmi lesquels celui qui se
présente tout de suite à
l'esprit est un bijou dont
les pétales seraient en
argent et le pistil, en or.

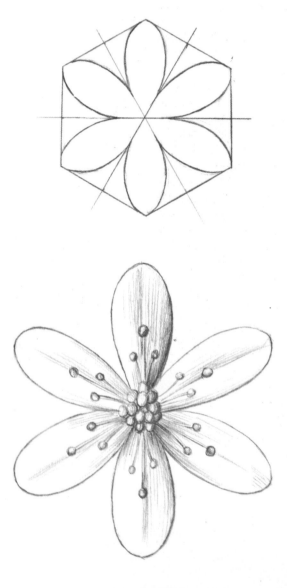

Planche V

Une feuille de platane

Le dessin reproduit ci-
contre est une autre preuve de l'utilité des figu-
res géométriques dans
l'exécution du dessin des
formes naturelles. C'est le
pentagone qui est utilisé
comme élément de base
pour le tracé d'une feuille
de platane.

Au fur et à mesure qu'il
poursuit sa formation, le
débutant doit déterminer,
pour chacun des modèles
qu'il a à dessiner, la forme géométrique la plus
simple qui est la mieux
adaptée au modèle. Parmi
d'autres avantages, ce sys-
tème permet de se don-
ner des points de repère
pour les dessins qui de-
vront, par la suite, être
exécutés de mémoire.

Alors qu'il n'est pas possible de se rappeler la forme exacte d'une feuille,
d'une fleur ou d'un objet
quelconque, on peut enre-
gistrer en mémoire, avec
plus de facilité, leur forme
schématisée. Ainsi, pourra-
t-on les reproduire dans
les meilleures conditions.

Planche VI

Frisette dans le style du XVIe siècle

Dans le chapitre consacré aux motifs décoratifs, nous avons vu comment on peut créer des thèmes très variés grâce au seul dessin géométrique; mais il existe des motifs décoratifs dont l'origine n'est pas géométrique. C'est le cas, par exemple, de la frisette représentée à la planche VI et qui est l'un des éléments essentiels de la décoration de style Renaissance.

L'origine est une double spirale sur laquelle sont placées des feuilles d'acanthe stylisées que le réalisateur dispose au gré de son inspiration.

Le débutant devra faire cet exercice en apportant le plus de variations possible aussi longtemps qu'il n'aura pas le coup d'œil et la sûreté de main indispensables pour tracer avec aisance les motifs les plus divers.

Planche VII

Le marquage des ombres

Jusqu'à présent, nous n'avons pas abordé le problème des ombres que le dessinateur peut marquer en appliquant des techniques diverses; les ombres sont constituées par des tons gris, plus ou moins soutenus, que le débutant doit apprendre à réaliser avec facilité.

Le dessin de la planche VII constitue un exercice très utile pour apprendre à ombrer. Après avoir dessiné à main levée et sans appuyer sur le crayon un motif simple, on marque les ombres dans les diverses parties du dessin en frottant légèrement le papier avec la pointe du crayon pour obtenir un gris parfaitement uniforme, sans aucun trait de crayon apparent.

Il faut éviter les couleurs noires soutenues et se rappeler que le contour de chacune des formes composant le dessin ne doit pas être marqué par un trait noir. Ce sont les limites de la partie grisée qui indiquent la forme de chacune des figures.

Il est absolument déconseillé de frotter la partie grisée avec le doigt ou un petit morceau de papier dans le but d'uniformiser la teinte grise; en procédant ainsi, on n'obtient que de mauvais résultats et l'on n'apprendra jamais à marquer les ombres de façon parfaitement régulière et correcte.

La marguerite

Pour un dessinateur débu-
tant, il n'existe peut-être
pas de modèle plus at-
trayant qu'une fleur mais,
d'une façon générale, les
résultats obtenus par les
débutants ne sont pas
bons car ceux-ci travail-
lent souvent de façon em-
pirique alors qu'il faut suivre une méthode permet-
tant de fixer avec préci-
sion la forme de la fleur
et, partant de là, de re-
produire celle-ci correctement.

La planche VIII montre le
croquis à partir duquel le
dessin de la fleur entière
a été facilement exécuté.
Quelques traits, peu nom-
breux et tracés légère-
ment, ont servi à marquer
les ombres des pétales
afin de compléter l'effet de
relief créé, à l'origine, par
la disposition exacte des
divers éléments constituant
la fleur. Enfin, en mar-
quant des ombres sur une
partie du fond, on a com-
plété utilement le dessin.

Planche IX

Des volumes simples

Poursuivant la série des exercices préliminaires, le débutant doit apprendre à représenter correctement les objets les plus simples, tels ceux figurant sur la planche IX.

Deux boîtes en carton de tailles différentes sont des modèles très valables pour s'exercer à tracer des lignes droites à main levée et pour apprendre à marquer les ombres sur les faces de deux parallélépipèdes selon les observations faites sur les modèles. De telles formes composent déjà une véritable nature morte sur laquelle on peut observer des éclairages, des ombres, des zones de pénombre, des reflets et des perspectives. Noter, en particulier, l'ombre propre de chacune des boîtes et l'ombre portée sur chacun des objets voisins; observer le reflet de la boîte la plus éloignée sur celle qui est disposée au premier plan ainsi que les variations d'intensité de l'ombre marquée sur la face de cette dernière.

Il faut se rappeler que les reflets sont plus ou moins visibles suivant que les surfaces des objets sont plus ou moins polies.

Si, pour chacune des boîtes, on compare les dimensions des angles correspondants, on constate des différences sensibles; celles-ci sont produites par la "déformation" des figures résultant des effets de perspective. C'est pourquoi il est nécessaire d'étudier attentivement les lois de la perspective qui doivent être présentes de façon permanente et complète dans l'esprit du dessinateur.

La perspective

Pour donner cette impression d'espace et de profondeur qui est l'une des caractéristiques essentielles d'un dessin bien exécuté, le dessinateur rencontre de réelles difficultés.

Pour être certain d'être capable de créer un effet de profondeur, il faut connaître les principes fondamentaux de la perspective découverts par quelques artistes italiens de la Renaissance et perfectionnés au cours des XVe et XVIe siècles. Ces principes sont déduits d'un phénomène optique bien connu: les dimensions d'un objet semblent diminuer progressivement au fur et à mesure que grandit la distance séparant l'objet de celui qui le regarde. Un avion volant à plusieurs kilomètres d'altitude nous paraît plus petit qu'un moineau qui vole à quelques mètres de nous. Quand nous observons une éclipse de soleil, nous avons l'impression que la lune recouvre totalement le disque solaire; c'est pourquoi nous disons que les deux astres semblent avoir la même dimension, alors que nous savons très bien que le soleil est plusieurs millions de fois plus grand que la lune. C'est la différence importante existant entre les distances respectives des deux astres par rapport à la terre qui crée l'illusion qu'ils sont de même taille. Pour même raison, lorsque nous regardons un paysage par une fenêtre, il nous semble que celle-ci est plus grande que le paysage qu'elle contient exactement comme un cadre contient un tableau.

De même, les diverses parties d'un objet paraissent avoir des dimensions variables selon la position qu'elles occupent. Ainsi, par exemple, lorsque nous regardons un tapis carré posé sur le sol, nous avons l'impression que le côté le plus proche de nous est plus grand que le côté le plus éloigné. Ces quelques exemples pratiques de la diminution des dimensions en fonction de l'éloignement illustrent les difficultés importantes auxquelles le dessinateur doit faire face. Nous nous efforcerons de donner à ce sujet les explications les plus claires possibles.

Au XIXe siècle, l'invention de la photographie est venue confirmer de façon éclatante les règles de la perspective découvertes quelques siècles plus tôt; le dessinateur n'en est pas, pour autant, dispensé d'apprendre ces règles dont la connaissance lui procurera deux avantages: pouvoir transposer avec exactitude les formes naturelles qu'il voit et disposer d'un guide indispensable pour matérialiser les images conçues par son esprit.

Il faut bien noter que si l'on veut dessiner un paysage, il est nécessaire, en premier lieu, de tracer la ligne d'horizon, c'est-à-dire: la ligne qui se trouve à hauteur des yeux de celui qui regarde. Ensuite, il faut situer le "point de vue" qui se trouve à l'horizon, exactement au centre du *cadre de perspective*. Même si la ligne d'horizon n'est pas visible (on ne se trouve pas toujours au bord de la mer), elle doit cependant être présente en permanence à l'esprit de celui qui dessine. Car c'est d'elle que partent toutes les lignes de fuite déterminant la structure du paysage.

Il faut connaître les règles de la grammaire pour rédiger correctement; de même, il faut apprendre les principes de la perspective pour bien dessiner. Un dessinateur expérimenté ne dessine pas un croquis perspectif chaque fois qu'il veut reproduire un paysage. Il n'est pas toujours nécessaire, ni opportun, de mettre en évidence les schémas et les principes; l'essentiel est qu'ils soient toujours présents à l'esprit, le plus clairement possible.

Planche I

Eléments de base de la perspective

Lorsque nous regardons des rails (fig. 1), ils ne nous semblent pas parallèles et on a l'impression qu'ils se rencontrent en un point. La diminution apparente de la longueur des traverses et de la distance séparant les rails est à l'origine de cette impression. Nous pouvons donc émettre deux principes importants: des lignes parallèles allant vers l'infini dans le sens de la direction du regard d'un observateur semblent converger en un point; des portions de droites ayant une longueur égale paraissent devenir de plus en plus courtes au fur et à mesure que la distance les séparant de cet observateur devient elle-même plus grande. Il en découle que, pour dessiner un carré (ou un rectangle) vu en perspective, il faut d'abord tracer deux lignes convergentes passant par les extrémités de la base de cette figure géométrique.

La figure 2 nous montre la correspondance existant entre les points A, B, C, D du carré vu en plan et les points A', B', C', D' du même carré vu en perspective (fig. 3). Nous remarquons que les lignes convergentes, appelées "lignes de fuite", se rejoignent en un point que l'on nomme *point de vue* (point P V sur la figure 3). En appliquant cette règle fondamentale du dessin en perspective d'une figure plane, telle que le carré pris comme exemple, on peut dessiner correctement le plancher d'une pièce ou n'importe quelle autre surface carrée ou rectangulaire suivant les exigences.

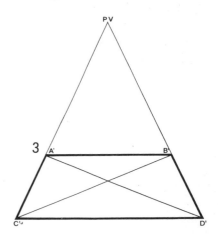

1

2

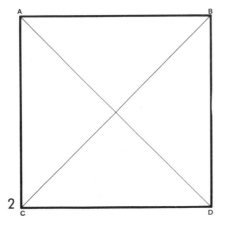

3

Planche II

Damier vu en perspective

Pour diviser un carré re-
présenté en perspective en
un certain nombre de car-
rés plus petits disposés
en damier comme les élé-
ments d'un plancher ou
d'un carrelage, il faut d'a-
bord diviser la base de ce
carré en parties égales
(fig. 4).
En partant des points ainsi
déterminés, on trace les
droites convergeant vers
le point de vue. Les lignes
ainsi obtenues couperont
les diagonales du carré en
des points situant la position des lignes horizontales recherchées. On observera que les lignes hori-
zontales se rapprochent
de plus en plus l'une de
l'autre selon que l'on s'é-
loigne de la base du carré.
Pour dessiner, dans un
carré représenté en pers-
pective, des carrés con-
centriques (fig. 5), il faut
marquer sur la base de ce
carré les points délimitant
les longueurs fixées à l'a-
vance; à partir de ces
points, on trace les droites qui convergent vers le
point de vue et qui cou-
pent les diagonales du
carré initial aux points qui
seront les sommets des
carrés concentriques.

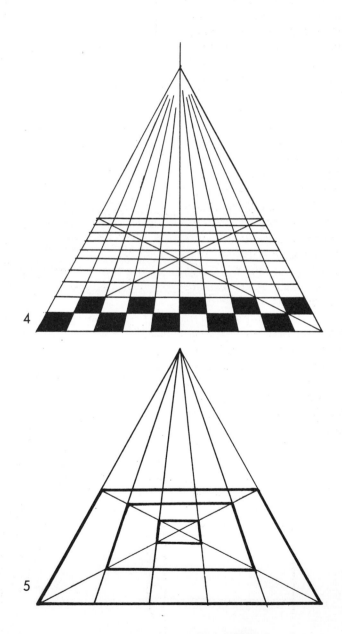

4

5

Planche III

Volumes vus en perspective

L'étude de la perspective ne concerne pas seulement les figures planes; elle s'applique également aux volumes. Le volume le plus simple convenant le mieux pour l'étude de la perspective est le cube. Ainsi que nous le constaterons par la suite, il permet de résoudre la presque totalité des problèmes posés par la représentation en perspective des objets les plus divers. Si nous examinons attentivement une boîte en carton ayant la forme d'un cube (fig. 6) placée en face de nous, nous constatons que les angles de la face supérieure semblent être différents les uns des autres. Cela ne peut nous surprendre puisque nous avons déjà observé le même phénomène dans le cas du carré vu en perspective.
Si celui qui regarde le cu-

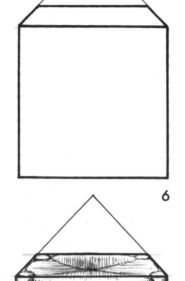

6

be se déplace vers la droite, il verra, en plus de la face frontale et de la face supérieure, une face latérale dont les angles présentent les mêmes déformations que ceux de la face supérieure. Les lignes tracées dans le prolongement des côtés de la face supérieure et de la face latérale, dans le sens du regard de l'observateur, se rencontrent au point de vue. Il en découle que les côtés d'une série de cubes de mêmes dimensions disposés sur une seule file seront situés sur des lignes de fuite communes ainsi que cela apparaît sur la partie droite de la figure 7.
Tandis que la figure 6 montre un exemple pratique de la représentation en perspective d'une forme cubique vue de face, la figure 7 illustre la manière de dessiner en perspective une boîte en forme de cube présentant une face frontale et une autre face vue en raccourci.

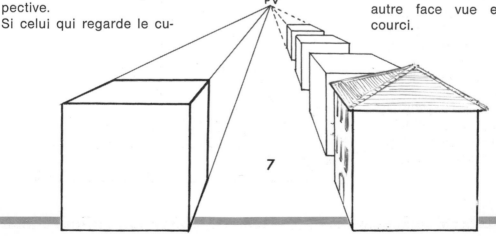

PV

7

Planche IV

La perspective en architecture

Notre regard enregistre sans difficulté particulière l'image d'un objet à trois dimensions (largeur, hauteur et profondeur). En fait, lorsque les lignes de fuite suivent la même direction que le regard de l'observateur, elles convergent toujours vers le point de vue. Cette affirmation est vérifiée sur l'image constituant la figure 8. On a tracé une ligne de tirets qui se trouve, normalement, à l'emplacement de la ligne d'horizon, c'est-à-dire: à la hauteur de l'œil de l'observateur. Mais, en réalité, l'horizon s'élève ou s'abaisse en même temps que l'observateur. Si, par exemple, celui-ci monte au troisième étage d'un immeuble afin de pouvoir mieux observer un objet déterminé, toutes les li-

gnes de fuite se déplaceront vers le haut et l'importance de ce déplacement correspondra à l'élévation subie par le point de vue lui-même. Les images vues en perspective sur lesquelles le point de vue central coïncide avec le point de fuite (cas de toutes celles que nous avons examinées jusqu'à présent) sont définies comme étant à *perspective centrale*; mais il arrive souvent que les objets à reproduire soient au contraire à *perspective angulaire*.

La figure 9 montre un exemple de perspective angulaire dans laquelle les deux points de fuite sont situés à l'extérieur du cadre de l'image. En pareil cas, les points de fuite sont également situés sur la ligne d'horizon; mais ils ne coïncident plus avec le point de vue central. Les distances plus ou moins grandes qui les séparent de ce point de vue sont fonction du degré du raccourci sous lequel est vue la face du parallélépipède considéré.

8

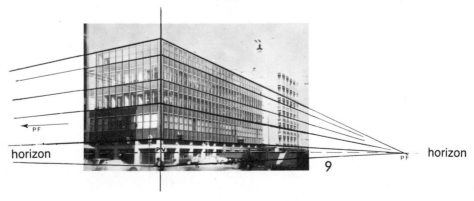

horizon   horizon
PF   PV   PF
9

Celui qui apprend à dessiner ne doit jamais oublier que la mise en pratique des règles de la perspective exige beaucoup d'attention et de persévérance. Lorsque, se trouvant en face de la réalité, il se prépare à appliquer les règles qu'il a apprises, il est d'abord plongé dans l'embarras en raison de l'extraordinaire variété des aspects de la nature. Ce n'est qu'en s'exerçant en permanence selon un programme établi dans l'ordre croissant des difficultés qu'il sera en mesure d'assimiler parfaitement les règles et de les pratiquer facilement. Nombreux sont les dessinateurs possédant un talent réel, mais dépourvus des connaissances techniques nécessaires, qui commettent des erreurs de perspective si grossières qu'elles enlèvent irrémédiablement à leurs œuvres une grande partie de leur valeur. Un peu de théorie et beaucoup de pratique permettent, au contraire, d'éviter les écueils qui jalonnent la route du succès.

La nature morte

Après avoir assimilé les règles de la perspective, le débutant pourra envisager de reproduire des objets relativement compliqués tels que ceux composant habituellement les natures mortes, sans courir le risque de commettre des erreurs grossières.

Les exercices d'un niveau élémentaire proposés dans ce chapitre ont pour objectif le développement de l'esprit d'observation et des qualités techniques des dessinateurs novices soucieux d'acquérir les notions indispensables à la réalisation de progrès futurs.

Planche I

Perspective linéaire

Dans ce premier exercice, nous nous contenterons de reproduire le contour des objets, opération déjà amplement suffisante pour réaliser un bon dessin lorsque les proportions et la perspective sont respectées. L'examen de la planche I permet d'imaginer les difficultés à surmonter pour dessiner une forme cubique vue en angle; de même, on se rend bien compte du doigté et de la patience qui sont nécessaires pour tracer correctement les trois ellipses que l'on aperçoit sur le verre ainsi que celle qui apparaît sur le dessus de la boîte. Quoique simple, l'exécution d'un tel dessin exige une somme non négligeable de connaissances ainsi qu'une bonne expérience du dessin.

Planche II

Un simple vase

Le vase représenté sur cette page est un exemple d'exercice que l'on doit exécuter de nombreuses fois pour acquérir le coup d'œil permettant de bien situer les lignes marquant le contour ainsi que la forme d'objets plus complexes. De même qu'elle était visible dans l'image du verre reproduit à la planche I, la perspective est bien marquée ici, surtout dans le dessin de l'embouchure et de l'anse dont on perçoit la largeur. Le marquage des ombres a été réduit au minimum indispensable pour faire ressortir la forme du vase; on a évité un travail long et difficile résultant de la coloration foncée du modèle.

Un tel dessin, transposition simplifiée d'un objet réel, est une étape sur le chemin conduisant à la véritable interprétation artistique de la réalité; il est conseillé de reproduire fidèlement celle-ci lorsqu'on en est encore au stade des premiers exercices. Mais il faut être capable de la dominer au fur et à mesure que l'expérience s'enrichit.

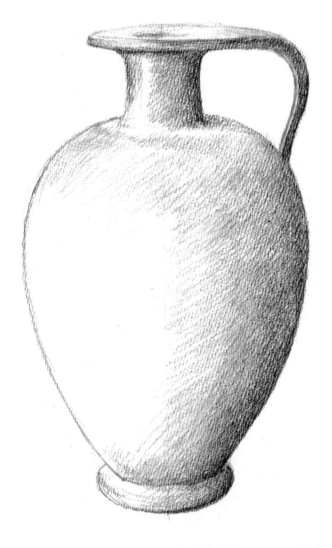

Planche III

Une feuille de chêne

En prenant comme modèle le plus commun des rameaux de n'importe quel arbre, on peut dessiner une très bonne nature morte, à condition que ce travail soit fait avec goût. Parmi les nombreux dessins exécutés par Léonard de Vinci, on peut admirer des études de feuilles et de fleurs qui sont autant de preuves qu'à l'aide des objets les plus humbles, il est possible de créer des œuvres d'art.

Le dessin reproduit ci-dessous montre comment on peut obtenir un résultat valable en utilisant une palette de tons gris d'intensités différentes que l'on applique sur le grain du papier à l'aide d'un crayon plutôt tendre.

Planche IV

Le drapé

La planche IV présente un modèle de nature morte que n'importe qui peut reproduire et qui peut être modifiée à volonté.
Un morceau de tissu drapé sur un escabeau constitue un modèle de valeur en raison de la disposition harmonieuse des lignes douces marquant les plis ainsi que de la diversité des nuances des ombres. Selon son inspiration personnelle, chaque dessinateur pourra appliquer la méthode dont nous avons donné des exemples jusqu'à présent (marquage des ombres sur le papier à surface granuleuse); ou bien, il tracera des hachures modulées comme le montre le dessin de cette planche. Pour ceux qui envisagent de se consacrer au dessin de mode, les exercices de ce genre sont particulièrement recommandés.

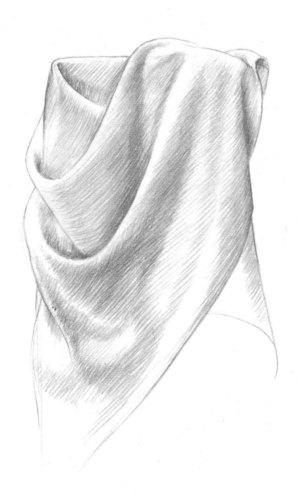

Planche V

Les fruits

Un plat de fruits constitue un excellent modèle pour l'étude des ombres sur les objets arrondis ayant des surfaces diversement polies. Ainsi que nous l'indiquons (voir ci-dessous), il est conseillé de faire un croquis avant d'exécuter le dessin définitif. Lorsqu'on aura déterminé la dimension et la position de chacun des éléments, on tracera les contours de façon plus précise en appuyant un peu sur le crayon, mais sans excès. Puis, avec le plus grand soin, on passera la gomme sur l'ensemble du dessin de façon, d'une part, à faire disparaître complètement le croquis initial et, d'autre part, pour atténuer la vigueur des traits marquant les contours délimités comme nous l'avons indiqué précédemment. C'est alors qu'il sera possible de passer à la phase finale de l'opération en marquant avec une certaine fermeté les contours des parties ombrées et en repassant, avec légèreté, les contours des parties situées en pleine lumière; ensuite, un marquage des ombres convenablement réalisé viendra compléter l'ensemble.

Planche VI

Introduction au dessin artistique

Les deux objets représentés sur cette page composent une nature morte d'une apparente simplicité. Elle peut être considérée comme une bonne introduction au dessin artistique, c'est-à-dire à cette forme de dessin qui porte en lui sa propre signification, même indépendamment de la forme des objets représentés. L'accentuation des contours, l'atténuation des ombres et la recherche d'un équilibre entre les parties pleines et les autres révèlent un esprit de recherche et un souci de composition dépassant le cadre d'une simple reproduction. Il ne faut jamais oublier qu'un beau dessin n'est pas seulement le résultat d'une certaine habileté manuelle; il est également le fruit d'une véritable recherche esthétique.

Planche VII

Introduction à l'étude du corps humain

Parmi le matériel destiné aux beaux-arts, on trouve des copies en plâtre de sculptures célèbres ou de fragments de sculptures qui sont des éléments très utiles pour étudier le corps humain.

La main représentée sur la planche VII est précisément un exemple de ces natures mortes qui sont intéressantes à divers titres. En effet, tandis que nous étudions la répartition des multiples effets de lumière et les jeux d'ombres sur une surface blanche, nous découvrons, par la même occasion, la complexité d'un organe humain. Les modèles de ce genre présentent un autre avantage: le moindre déplacement de l'objet provoque une modification complète du contour et des ombres, de sorte que l'on peut le reproduire sous de multiples aspects. En outre, le dessinateur doit utiliser diverses techniques de dessin. C'est ainsi qu'il doit être capable de travailler sur du papier à surface granuleuse comme sur du papier lisse, d'exécuter des dessins de grand comme de petit format ou, encore, de passer du dessin sur fond sombre au dessin tel que celui de la planche VII (absence de fond).

Lorsqu'il pourra reproduire correctement un modèle en plâtre, le débutant devra apprendre à dessiner à la plume. A l'aide de ce nouvel instrument, il refera une partie des exercices déjà exécutés. Il devra alors se rappeler qu'il n'a plus la possibilité d'utiliser le grain du papier pour obtenir des tons uniformes ou modulés mais que, désormais, chaque tonalité devra être représentée par un jeu de hachures dont il concevra lui-même, suivant sa sensibilité, la modulation.

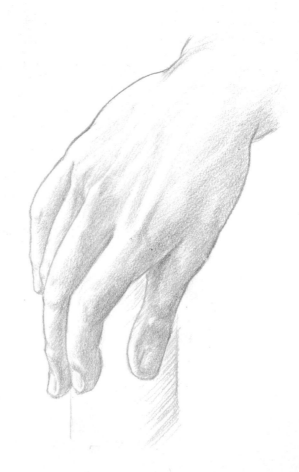

Planche VIII

Le dessin à la plume

La feuille reproduite sur la
planche VIII est un exemple
de ce qui peut être obtenu
en utilisant une plume et
en réduisant au minimum
le nombre des traits.
Remarquer le relief donné
à l'objet au moyen des
hachures très nuancées
qui constituent le fond du
dessin.
Les lignes droites entre lesquelles la feuille s'inscrit
exactement forment le ca-
dre à l'intérieur duquel le
croquis servant de base
pour l'exécution définitive
sera tracé au crayon.

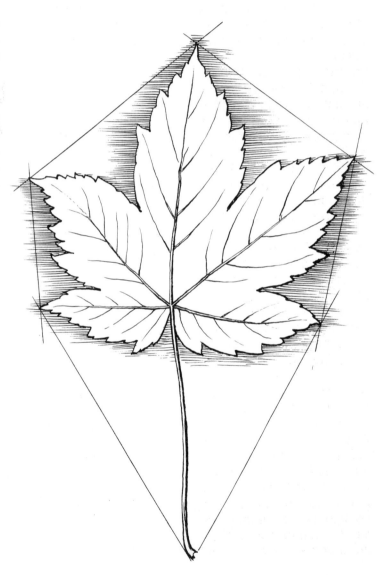

Un sujet traditionnel

Une bouteille, un verre et un morceau de pain sont des objets habituels que l'on peut trouver dans n'importe quelle maison; il est donc facile de les réunir pour composer une nature morte. Après avoir, avec une certaine précision, esquissé les contours principaux de ces objets, il faut procéder rapidement au marquage des ombres en cherchant à obtenir l'effet maximum au moyen du plus petit nombre de traits.

Planche X

La position de travail

Nous montrons sur cette page quelle est la position correcte pour dessiner une nature morte.

Les objets à dessiner sont disposés sur une table, à une distance égale à environ trois fois la plus grande dimension de ces objets. La feuille de papier doit être fixée à l'aide de punaises sur une tablette de bois parfaitement plane que l'on appuiera sur ses genoux et, éventuellement, sur le bord de la table supportant le modèle. La tablette doit être inclinée de façon que le regard du dessinateur lui soit perpendiculaire. Il faut éviter de trop se pencher et veiller à ce que le regard puisse, à tout moment, couvrir la totalité de la feuille. De plus, lorsqu'on dessine un détail, il faut pouvoir le comparer sans cesse à l'ensemble du dessin; ceci n'est pas possible si l'on concentre le regard sur ce seul détail. La position indiquée permet de travailler avec l'aisance indispensable à l'exécution d'un bon travail.

Le paysage

Après avoir exercé sa main en dessinant des natures mortes, le débutant pourra aborder le dessin de paysages, lequel est bien plus difficile car l'intensité de la lumière varie sans cesse et parce qu'il est nécessaire de simplifier de façon importante toutes les formes et les détails observés, qu'ils soient naturels ou créés par les hommes. En effet, on ne peut, par exemple, prétendre reproduire toutes les feuilles d'un arbre ou toutes les briques des murs d'une maison. Il faut donc procéder de façon synthétique en ne faisant apparaître sur le dessin que les éléments essentiels du décor choisi.

Planche I

Les positions de travail

Lorsqu'on dessine un paysage, on ne peut s'asseoir confortablement devant une table, sauf si, pour se faire la main, on commence par reproduire des photographies ou des cartes postales. Quand on part à la recherche d'un sujet à dessiner, il faut se munir d'un cahier à dessin ayant une couverture rigide et emporter également un siège pliant si l'on désire s'asseoir pour travailler. Nous montrons sur la planche I les positions convenables pour dessiner debout ou assis.

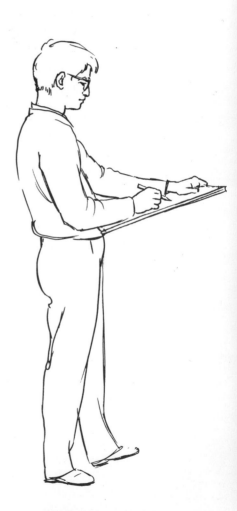

Planche II

Exercice préliminaire

A titre d'exercice préliminaire, nous conseillons de
dessiner un arbre dépouil-
lé de ses feuilles afin d'apprendre à disposer et ré-
partir de façon naturelle
l'ensemble des branches
et des rameaux, sans pour
autant se perdre dans les
détails.

Lors des premiers essais,
on pourra tracer les lignes
principales au crayon
avant de passer à l'exécution définitive à l'encre.
Mais, dès que l'expérience
nécessaire aura été acqui-
se, le tracé d'un croquis
préparatoire ne se justifie-
ra plus.

Planche III

Application des règles de la perspective

Un sujet aussi traditionnel que la petite église de campagne reproduite à la planche III doit être traité avec le maximum d'attention; en effet, les rapports existant entre les diverses tonalités (lumières et ombres) doivent être rendus avec exactitude tandis que les proportions et les effets de perspective doivent être minitieusement respectés. Dans le dessin ci-contre, plusieurs éléments: la route, la bande herbeuse située à droite, les pieux, le mur et la grille contribuent, du fait de leur représentation en perspective, à créer l'impression de profondeur. Les lignes marquant le contour et les détails des diverses constructions sont tracées avec netteté tandis que l'ensemble de la végétation est traité de façon plus floue, ceci afin de bien montrer la différence existant entre les éléments massifs et immobiles et les arbres ou l'herbe qui sont constamment agités par le vent.

Grâce à l'emploi d'un papier à dessin à gros grain, il a été possible de donner l'impression que la lumière éclairant ce paysage est parcourue par des milliers de vibrations comme c'est le cas pendant les journées ensoleillées de l'été. Il est recommandé de commencer l'étude d'un paysage au moment où celui-ci se trouve en plein soleil. Ce n'est qu'après avoir acquis une certaine expérience, que l'on parvient à bien saisir les contrastes lumineux, même lorsque la lumière est diffuse. En fait, il faut d'abord voir les ombres principales et négliger celles qui n'ont qu'une importance secondaire.

Planche IV

Un croquis pittoresque

Sur la planche IV, nous voyons la reproduction d'un croquis tracé à l'occasion d'un voyage touristique en France. On notera plus particulièrement: la forme élancée des tours et tourelles ainsi que l'aspect singulier de la disposition architecturale.

Cette simple ébauche permet de mesurer la différence existant entre la représentation personnelle d'un paysage et une photographie de celui-ci. La photographie aurait fait apparaître tous les détails sans en omettre un seul; elle n'aurait pas donné cette impression de fabuleux et de fantastique qu'exprime le dessin.

Planche V

Un croquis au stylographe

Le dessin figurant ci-contre est l'étude d'un frêne,
étude exécutée avec
beaucoup de soin. El-
le montre comment il
est possible, en n'impor-
te quelle circonstance, si
l'on dispose d'une feuille
de papier et d'un stylo, de
reproduire un objet quel-
conque observé dans la
nature. Nous remarque-
rons en particulier sur ce
dessin que le désir de représenter avec le maxi-
mum d'exactitude la forme
et l'allure caractéristiques
de ce bel arbre, n'a pas
empêché le dessinateur de
rendre avec beaucoup de
vérité les ombres et les
lumières qui ont été mises
en évidence de façon très
réaliste.

Le débutant ne doit jamais
se lasser de faire des exercices de ce genre. Outre
l'intérêt qu'ils représentent
en eux-mêmes, ils lui permettront d'enrichir sa col-
lection personnelle d'études qu'il pourra utiliser
éventuellement plus tard
si, par exemple, il décide
de composer lui-même un
paysage.

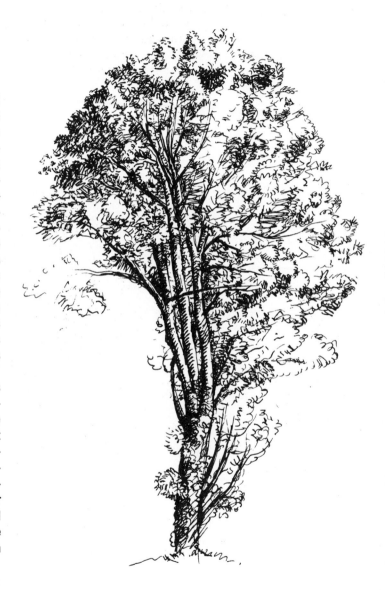

Planche VI

Etudes de plans

La planche VI montre un croquis à la plume extrait d'un album de voyage. Un animal a été placé dans le paysage de façon à donner une dimension à chacun des éléments de celui-ci. Il est recommandé de toujours tracer légèrement les lignes indiquant le fond d'un décor tandis que les premiers plans, dessinés avec plus de vigueur, se détachent nettement sur l'ensemble du paysage.

Planche VII

Un paysage alpestre

Dans cette étude faite en haute montagne, le premier plan se détache sur le fond grâce au tracé vigoureux des deux arbres qui forment comme un créneau au travers duquel apparaît le décor de la vallée tout juste suggéré par quelques traits de plume légers.

Planche VIII

Un croquis rapide

Il arrive parfois que la sensibilité du dessinateur soit sollicitée par des formes en apparence insignifiantes comme, par exemple, les deux trembles dépourvus de feuilles et la barque abandonnée sur le lac qui apparaissent sur le dessin reproduit ci-dessous. Remarquez que la verticalité des lignes les plus marquées, associée à l'horizontalité de la rive la plus éloignée, est l'un des éléments de base de cette composition dont l'intérêt est encore accru par le tracé oblique de la rive située au premier plan qui doit suggérer la séparation des divers plans constituant le décor.

Planche IX

Permanence de la perspective

Le dessinateur qui veut reproduire une construction architecturale ou un paysage urbain doit avoir recours à sa connaissance des lois de la perspective s'il veut exécuter un travail précis et rapide. La structure de toute la scène représentée dépend de la bonne mise en place des lignes droites qui en constituent l'ossature. Après avoir tracé ces lignes, on peut, à volonté, introduire de nombreux détails sans détruire l'impression de profondeur créée par le tracé correct des lignes droites. Le dessin reproduit sur cette page (partiellement achevé) montre clairement comment des paysages de ce genre doivent être mis en place.

Planche X

Dessin et aquarelle

Pour marquer les ombres sur les dessins exécutés au crayon ou à la plume, on peut utiliser le procédé de l'aquarelle qui est d'une exécution rapide. Après avoir tracé les lignes principales, on colore les parties les plus sombres à l'aide d'un pinceau que l'on trempe plus ou moins dans l'eau pour graduer l'intensité des couleurs.

Quand on dessine à la plume, il peut arriver que certaines zones soient marquées de façon trop soutenue; dans ce cas, il suffit de les laver abondamment à l'eau claire et, aussitôt après, de les sécher soit avec un pinceau propre, soit avec du papier buvard. En cours de lavage, les traits de plume sont encore très apparents, mais, après séchage, ils sont estompés. Il appartient au dessinateur de déterminer lui-même, pour chaque cas, la technique la mieux appropriée.

Le débutant qui applique une méthode nouvelle ne doit pas s'attendre à obtenir d'excellents résultats à l'occasion de chaque essai. Il doit donc s'armer de patience et se rappeler que, seul, le résultat définitif compte tandis que les efforts, parfois mal récompensés, qu'il doit faire ne sont que le moyen de franchir une nouvelle étape.

Les animaux

A la planche VI du chapitre consacré au paysage, nous avons pu voir que la présence d'un bœuf attelé à une charrette donne de la vie à un décor par ailleurs seulement esquissé. Un dessinateur qui se respecte ne saurait se contenter de posséder quelques notions superficielles dans ce domaine; il doit connaître le monde animal qui est un élément important de la nature et consacrer à celui-ci une partie de ses études.

Pour dessiner un animal, il faut d'abord en tracer un croquis rapide afin de faire apparaître sa forme caractéristique. Ainsi, la forme du corps de tous les oiseaux peut être représentée schématiquement par un œuf duquel sortent la tête et les pattes.

La plus grande partie des mammifères ont un corps dont la forme peut s'inscrire dans un ovale plus ou moins allongé dont se détachent les pattes, la tête et la queue.

Le débutant peut observer les animaux domestiques chez lui ou dans une ferme; pour voir les autres animaux, il lui suffit de visiter un musée ou un jardin zoologique. A défaut, il devra se contenter de photographies.

Planche I

Le pigeon domestique

Le croquis du pigeon domestique met en évidence la forme ovale du corps sur lequel viennent s'insérer la tête, les pattes et la queue. Ce croquis montre également que la ligne marquant le contour de la tête peut être réunie à celle des pattes en passant par le centre du corps; de même, le prolongement de la ligne indiquant le contour du dos et de la queue délimite la partie inférieure du bec. Chaque dessinateur doit apprendre à voir les lignes essentielles dont l'assemblage constitue la structure du sujet à représenter. Après exécution du croquis, il est beaucoup plus facile de mettre en place les divers détails qui achèvent le dessin.

88

Planche II

Le cygne

L'élégante silhouette du cy-
gne peut également être
inscrite dans un ovale à
l'une des extrémités du-
quel se dresse le cou.
Quand il sera capable de
tracer cette forme simple,
le dessinateur pourra
orienter à son gré, sans
aucune difficulté, la position de la tête de l'oiseau,
soit vers la droite, soit vers
la gauche; il pourra éga-
lement inventer n'importe
quelle autre attitude. Réus-
sir un bon dessin dépend
avant tout de la sensibilité du dessinateur et de sa
capacité d'interprétation
correcte des formes ob-
servées par lui, plutôt que
de la mesure de sa pa-
tience.

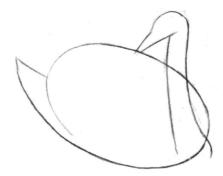

Planche III

Le chien-loup

Dans le cas du chien-loup, le croquis à tracer est un peu plus compliqué que pour les oiseaux, sans présenter, toutefois, de difficultés particulières pour le débutant qui aura suivi avec attention les conseils donnés dans les chapitres précédents. Quelle que soit la structure d'un objet ou d'un être, on finit toujours par trouver les lignes essentielles (pour le chien: oreilles, poitrine, ventre, queue) grâce auxquelles il est plus facile de se faire une image harmonieusement proportionnée. En marquant les ombres dans le cas du chien-loup, il faut veiller à ne pas exagérer l'importance des hachures et les disposer de façon à bien suggérer l'aspect caractéristique du pelage de cet animal.

Planche IV

Le chameau

Ses deux bosses lui don-
nent une silhouette caractéristique qui le distingue
des autres mammifères;
c'est une des raisons pour
lesquelles il est possible
d'en tracer un croquis
dont on peut facilement
se souvenir. Comme le
montre la planche IV, le
corps et le cou de l'ani-
mal s'inscrivent dans un
ovale. Le sommet de la
première bosse et la face
arrière de l'une des pattes
de devant sont situés sur
une ligne presque verticale; l'arrière du cou et le
profil antérieur de la patte
se trouvent sur une ligne
courbe qui s'achève à la
hauteur du jarret. Une autre ligne droite réunit le
jarret à la base de la seconde bosse en passant
par le pli de la cuisse. Enfin, une ligne horizontale
indique la hauteur des
articulations des pattes.
Quand, après avoir dessi-
né l'animal en partant du
croquis, le débutant sera
capable de le reproduire
de mémoire, il comprendra
l'importance de ce croquis
pour l'exécution correcte
du dessin.

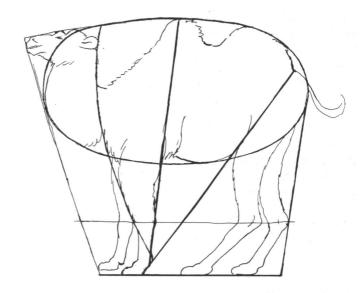

Planche V

Le cheval

Le cheval, ce noble ami de l'homme dont l'espèce semble menacée de disparition, sera pendant longtemps encore l'un des éléments essentiels de la reproduction de scènes historiques, de l'évocation picturale de scènes champêtres ou de chasses à courre. Dans le cadre de notre bref exposé, nous nous bornerons à décrire la façon de tracer le croquis d'une tête de cheval. Sur ce croquis, nous voyons que l'axe principal de la tête est une ligne droite oblique rencontrant, dans sa partie inférieure, la ligne des naseaux vus en perspective; en prolongeant la ligne marquant le profil de l'une des oreilles, on suit la ligne du cou en passant par le sommet de l'angle extérieur de l'œil tandis que la ligne de profil intérieur de l'autre oreille, prolongée vers le bas, suit le contour de la mâchoire et dessine la musculature du cou. A noter également que la courbe du sommet du crâne se trouve sur le prolongement de la ligne indiquant la crinière. Une fois que l'on a tracé ces quatre lignes, il ne reste plus qu'à ajouter quelques détails, à marquer les ombres pour donner à la tête du cheval son aspect caractéristique.

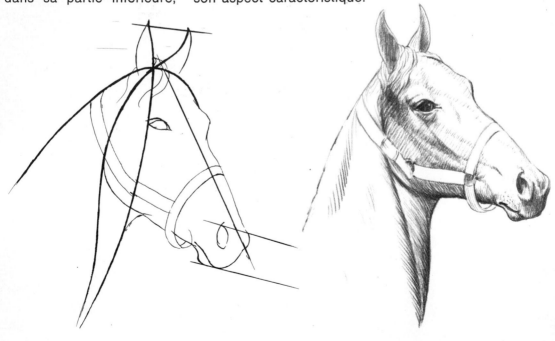

Planche VI

Le chien

Il arrive souvent que l'on ait à représenter le chien, cet autre ami de l'homme. La planche VI nous montre une tête de chien dessinée de façon assez libre, ce qui crée quelques difficultés pour reconstituer le croquis initial à partir duquel le dessin a été exécuté. Mais nous recommandons aux lecteurs qui ont eu la patience de lire cet ouvrage jusqu'à maintenant de reproduire cette tête d'animal car ce sera pour eux un excellent moyen de s'exercer. Il est bon de rappeler, au passage, qu'en raison de l'obéissance dont il fait généralement preuve, le chien offre au dessinateur de nombreuses possibilités d'étude.

Planche VII

Le chat, la gazelle, l'écureuil

Les fables sont souvent illustrées par des dessins représentant des animaux tels que des chats, des gazelles ou des écureuils. Les dessins de la planche VII sont pour le débutant autant de modèles de la manière de représenter la nature.

Dans la tête du chat, le dessinateur a mis en évidence la vivacité du regard émerveillé que le jeune animal fixe sur le monde qui l'entoure; pour la gazelle, l'auteur a davantage insisté sur les principales lignes définissant la silhouette, sans marquer le modelé des formes. Dans le cas de l'écureuil, on s'est efforcé de faire ressortir le caractère craintif et timide de cet herbivore dépourvu de toute espèce d'agressivité.

Planche VIII

La lionne

Dans la dernière planche de ce chapitre consacré aux animaux, nous avons voulu représenter l'image paisible d'un animal féroce, une lionne au repos dans l'enclos qu'elle occupe dans un jardin zoologique. Les pattes puissantes, les oreilles largement ouvertes et sans cesse à l'écoute de tous les bruits, le front fuyant et le calme plein d'indifférence de l'animal qui ne craint personne sont autant de caractéristiques qui contrastent avec l'air timide, circonspect et quelque peu revêche de l'écureuil.

Tout débutant désireux d'atteindre de bons résultats ne devrait pas seulement reproduire les formes des animaux; il faudrait qu'il apprenne également à mettre en évidence la psychologie particulière de chacun. C'est à cette seule condition que ses dessins atteindront le niveau des œuvres d'art.

Le corps humain

Après avoir exécuté les exercices proposés jusqu'à présent, le débutant est en mesure de passer à l'étude du corps humain qui est le sujet le plus complexe que l'on puisse trouver. En raison de cette complexité, nous conseillons, avant de dessiner des corps entiers, d'en étudier séparément les diverses parties. Les mains, les bras, les pieds, les jambes et le tronc doivent être dessinés avec soin, de nombreuses fois, dans les diverses positions les plus habituelles afin de bien connaître leur structure et les rapports de proportions. Ces études peuvent être faites à l'aide de modèles en plâtre.

Planche I

Les jambes

Sur cette planche, nous voyons, tracées en quelques coups de pinceau, les jambes d'un homme qui marche. Cet exercice permet d'étudier les proportions et les gestes les plus ordinaires; son utilité ne peut être mise en doute car, pour bien représenter les jambes et les pieds d'un personnage habillé, il faut avoir en tête l'image de ces mêmes parties du corps dépouillées de tout vêtement.

C'est pourquoi nous recommandons de s'exercer sans se lasser à dessiner des jambes et des pieds vus dans toutes les positions possibles et imaginables.

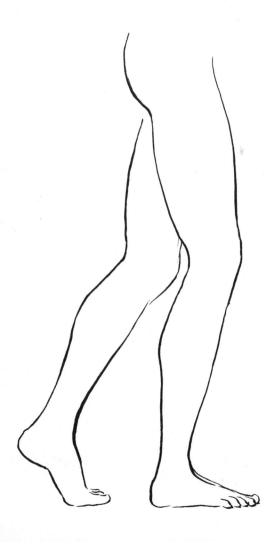

Planche II

Etudes de mains

La planche II nous montre diverses études de mains que le débutant pourra reproduire seul en dessinant sa main gauche vue directement ou réfléchie dans un miroir. Il est bon, pour les premiers dessins, de se contenter de tracer le seul contour de la main afin de mieux concentrer son attention sur la forme générale de celle-ci et sur les proportions récipro-ques des divers éléments qui la composent.

Grâce au croquis, nous voyons que chaque phalange se situe à un niveau variable avec la longueur du doigt auquel elle appartient. Ce croquis permet également de voir que le prolongement des lignes marquant les faces externes de l'index et de l'annulaire coïncide avec le tracé du poignet.

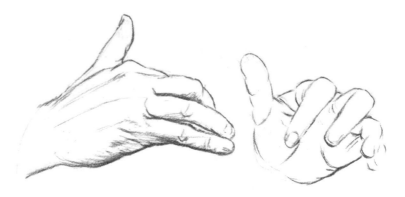

Planche III

La course

Quand on connaît bien les diverses parties du corps humain, on peut passer à la représentation complète de celui-ci, soit à l'état de repos, soit en mouvement; ceci est réalisable à partir d'un croquis simplifié, tel celui qui est reproduit sur la planche III.

Bien entendu, avant de dessiner un sujet aussi difficile, il est conseillé de s'exercer en dessinant des modèles pris sur les photographies d'épreuves sportives que l'on trouve facilement dans les journaux illustrés. Grâce à ce travail de reproduction qui doit être exécuté de nombreuses fois, on finit par acquérir une bonne connaissance du corps humain; c'est alors qu'on est capable de le dessiner de mémoire en partant d'un croquis.

Parvenir à reproduire correctement le corps humain, tel est le but que tous les dessinateurs veulent atteindre, quel que soit l'objectif final de cette connaissance: illustration de textes, dessin de mode, dessin publicitaire ou dessin purement artistique. Pour parvenir à ce résultat, il faut de la persévérance et de la bonne volonté. Sur cette page, nous voyons l'image d'un athlète en mouvement, image obtenue en partant d'un croquis tracé en quelques coups de pinceau. Nous pouvons mesurer la différence existant entre le croquis — cependant très évocateur — et le corps représenté dans tous ses détails. Cette constatation fait ressortir l'importance des connaissances qu'il faut acquérir pour parvenir à transformer un tel croquis en une image conforme à la réalité vivante.

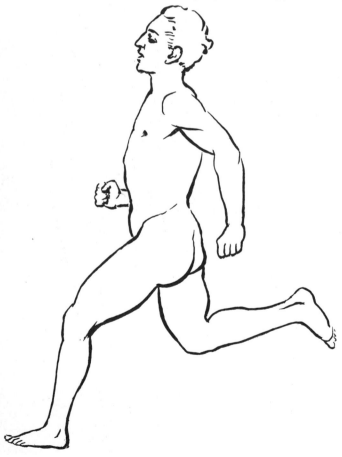

Planche IV

Etudes de nus

L'étude des nus féminins est surtout nécessaire à ceux qui veulent faire du dessin de mode. Le croquis de la planche IV nous montre comment on pose les bases du dessin définitif en traçant les axes principaux du corps, en marquant les proportions existant entre, d'une part, la largeur et la hauteur de celui-ci et, d'autre part, les dimensions respectives de la tête et du corps. Le dessin du corps, exécuté au pinceau, prouve que les meilleurs résultats ne sont pas nécessairement ceux que l'on obtient à force de patience, par un travail méticuleux; ils peuvent être obtenus à l'aide de quelques traits disposés avec la plus grande exactitude.

Planche V

Croquis d'après nature

Lorsqu'on a bien assimilé tout ce qu'il faut connaître aussi bien sur les proportions existant entre les divers éléments du corps humain que sur les différentes attitudes que celui-ci peut prendre, on est capable de dessiner des personnages très divers sans commettre les erreurs que font souvent les amateurs dépourvus des plus élémentaires notions de dessin.

Les deux croquis présentés à la planche V montrent qu'il existe de multiples occasions de s'exercer en dessinant des scènes prises sur le vif; c'est ce que doit faire chaque dessinateur ayant dépassé le stade des premiers balbutiements.

Planche VI

Un dessin achevé

Sur la planche VI, nous voyons comment, en partant de ce qui, à l'origine, ne devait être qu'une étude, on a réalisé un dessin véritablement achevé.

La reproduction des seuls détails essentiels, le marquage discret des ombres obtenu en passant légèrement le doigt sur l'encre encore fraîche de certains traits et la précision du dessin, tous ces éléments contribuent à conférer à celui-ci une exactitude et une spontanéité qui lui donnent sa valeur.

Planche VII

Introduction au dessin de mode

Pour qui veut se consa-
crer au dessin de mode,
il n'est rien de plus utile
que d'exécuter de nom-
breux dessins semblables
à celui présenté sur la
planche VII. N'importe qui
peut trouver parmi ses proches un modèle complai-
sant qui acceptera de
prendre toutes les attitudes souhaitées par le dessinateur. Celui-ci pourra
ainsi faire une série de
croquis qui lui permettront
d'acquérir le doigté né-
cessaire tout en exerçant
son œil à apprécier les lignes essentielles. Il est
très important de savoir
donner à un dessin de mo-
de l'élégance des lignes
et la touche particulière
qui en constituent l'attrait
principal; mais cette capacité ne s'acquiert qu'avec
l'expérience.

Planche VIII

Un instantané

Quand le débutant aura
atteint un certain degré
d'habileté dans l'exécution
de ses dessins, il pourra
commencer à représenter
des sujets animés, sans
avertir ceux-ci au préalable
afin d'obtenir d'eux la plus
grande spontanéité dans le
geste comme dans l'ex-
pression du visage. La
planche VIII montre com-
ment un simple cure-dents
trempé dans l'encre peut
devenir un instrument de
dessin aussi valable que
les autres s'il est utilisé
par une main habile.
Une nouvelle fois, il nous
paraît bon d'insister sur la
nécessité pour celui qui
apprend à dessiner de faire preuve de persévérance
et de bonne volonté s'il
veut obtenir de bons ré-
sultats.

Planche IX

Plume et lavis

L'élégance étudiée des poses d'une ballerine constitue toujours un excellent modèle pour le dessinateur qui cherche à découvrir la diversité des formes que le corps humain peut prendre au gré des changements d'attitudes. C'est dans l'harmonie existant entre les lignes principales du corps que réside le secret de l'élégance des poses de la danse; ce qui permet au dessinateur d'exécuter des croquis toujours élaborés. L'image d'une jeune danseuse reproduite ci-dessous en est une preuve.

Le portrait

Dans l'étude de la représentation du corps humain, le portrait mérite un chapitre particulier. Notre œil est, en effet, capable de saisir les plus petites différences existant entre un visage et un autre; de sorte qu'il est particulièrement difficile, lorsqu'on dessine, d'atteindre la ressemblance parfaite entre le modèle et le dessin. De plus, les émotions, les sentiments ou la fatigue, en modifiant constamment la physionomie du modèle, sont autant d'éléments qui augmentent les difficultés de ce genre de travail. D'où la nécessité, pour le dessinateur, d'acquérir les connaissances grâce auxquelles il deviendra un spécialiste dans ce domaine. Les artistes savent à quel point il est difficile de faire un bon portrait; c'est pourquoi le débutant, placé pour la première fois devant un tel sujet, commencera par penser qu'une telle tâche est irréalisable.

Nous avons réuni dans le présent chapitre l'ensemble des conseils pratiques susceptibles de faciliter le travail de tous ceux qui envisagent de consacrer du temps à cette forme passionnante du dessin qu'est le portrait.

Planche I

Les proportions du visage

L'essentiel du visage humain peut également être représenté par un croquis faisant apparaître sa forme et ses proportions.

Sur la planche I, nous voyons qu'un visage peut être divisé, dans le sens de la hauteur, en trois zones égales: la première comprend le front (de la base des cheveux jusqu'aux sourcils); la seconde est occupée par le nez et la troisième va de la base du nez à la pointe du menton. Cette règle est valable pour les adultes des deux sexes. Il faut bien noter que, plus les proportions indiquées ci-dessus sont respectées, et plus le visage est régulier.

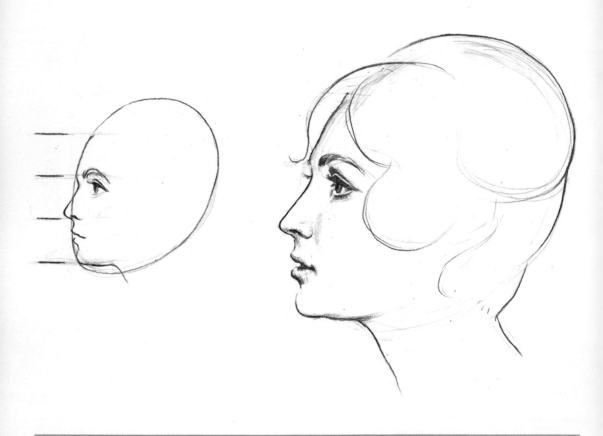

Planche II

Croquis de face

L'examen d'un visage vu de face nous apprend que la distance entre les deux yeux est égale à la largeur de l'un de ces yeux (c'est-à-dire la distance entre l'angle extérieur et l'angle intérieur de l'œil). De plus, normalement, la distance entre la ligne marquant le contour du visage et le bord extérieur de l'œil est aussi égale à la largeur de cet œil. Il faut ensuite remarquer que la ligne horizontale divisant la tête en deux parties égales passe par les angles des yeux. Enfin, comme beaucoup le savent, la tête humaine a, en général, une forme ovale. Lorsqu'on aura assimilé cet ensemble de notions fondamentales, on pourra tracer rapidement les lignes constituant la structure d'un visage.

Il faut cependant se rappeler que la plupart des individus ont des traits qui les caractérisent et qu'il faut savoir observer avec précision. Si le débutant connaît bien, de mémoire, le croquis de base d'une tête humaine, il parviendra facilement à distinguer sur chaque modèle qui se présentera à lui les lignes correspondant au croquis et celles qui en diffèrent. C'est alors qu'il se rendra compte de la valeur exceptionnelle de la connaissance profonde du croquis de base.

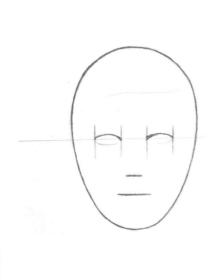

Planche III

Etude d'après un modèle en plâtre

Avant de tenter de dessiner le visage d'un être vivant, il est recommandé de s'exercer à reproduire des sculptures ou des dessins. Ils présentent les avantages principaux suivants: ils sont immobiles, ne se fatiguent pas et ne changent pas continuellement d'expression. Le même modèle pourra être dessiné, vu sous des angles différents. Cette façon de procéder permettra, après avoir déterminé les divers éléments de sa structure et découvert ses détails les plus minimes, de le dessiner avec la plus grande facilité.

Le dessin de la planche III est la reproduction d'un modèle en plâtre; on voit ainsi le résultat qui peut être atteint grâce à des exercices de ce genre exécutés au crayon sur du papier lisse.

Planche IV

Un profil d'après nature

Le dessin d'après nature reproduit sur cette planche montre le profil d'un jeune homme dont les traits sont assez accusés. On notera que les proportions de ce visage ne sont pas conformes à la norme indiquée précédemment car le front est bas tandis que l'oreille, qui devrait avoir la même hauteur que le nez, est excessivement grande.

L'emploi de papier lisse et d'un crayon bien pointu a permis de réaliser un dessin minutieux sur lequel le tracé des ombres est aussi fin que celui qu'on aurait obtenu en utilisant une plume. Il s'agit là d'une étude très détaillée, comparable à celles que l'on demande à un portraitiste débutant d'exécuter.

Planche V

Portrait au crayon

Cette planche montre le résultat qui peut être obtenu en utilisant un crayon pour dessiner un portrait de femme. Pour ce type de portrait, il est recommandé d'exécuter le tracé avec délicatesse de manière à bien faire ressortir la finesse du modelé.

Quand on dessine le portrait d'une personne vue de trois quarts, il faut veiller à ne pas décaler vers l'avant le plan de l'œil qui est à demi caché, comme le font la plupart des débutants. De même, il faut se rappeler que le nez ne doit pas être dessiné comme s'il était vu de profil; il est nécessaire de bien étudier sa forme en fonction de la position du visage.

Le débutant doit également apprendre à négliger les détails sans utilité tels que: cicatrices, verrues, taches sur la peau, etc., pour concentrer son attention sur la répartition des principaux volumes et sur les rapports existant entre ceux-ci.

Planche VI

Le fusain

Le portrait de la planche VI est traité d'une façon moins précise que celui de la planche précédente mais, en contrepartie, les lignes essentielles en sont mieux définies. Tracé au fusain, de façon assez succincte mais avec beaucoup de vérité, il est suffisant pour faire revivre un visage aux traits bien caractéristiques.

Planche VII

Travail au pinceau

Que ce soit le crayon ou la plume, le fusain ou le pinceau, n'importe lequel de ces moyens permet à un artiste d'exprimer ce qu'il voit et ce qu'il ressent lorsqu'il observe un visage.

Le visage représenté à la planche VII a été exécuté d'un seul jet. Le tracé en est succinct mais sa spontanéité parvient à exprimer la sensualité de ce personnage juvénile. Avant de manier le pinceau avec l'aisance indispensable, il est évidemment nécessaire de faire un certain nombre d'exercices préliminai-res; mais il faut bien se pénétrer de l'idée qu'en matière de portrait, le problème essentiel n'est pas celui du choix du moyen matériel à utiliser; la difficulté consiste à déterminer avec exactitude les lignes qui, tracées sur la feuille blanche, permettront de faire apparaître un visage vivant.

Planche VIII

Une jeune mariée

La planche VIII nous montre comment, selon le même procédé qu'à la page précédente, on dessine un visage féminin encadré d'un voile léger qui en marque plus nettement l'élégance et la fraîcheur.

Exécuté avec la pointe du pinceau, ce dessin est plus qu'une description minutieuse d'un sujet; en fait, il suggère chacune des formes par le moyen d'une "écriture" particulière.

Planche IX

Un portrait exécuté avec un stylo

Pour réaliser le portrait présenté à la planche IX, on a utilisé un stylo au lieu d'un pinceau comme précédemment; mais l'objectif demeure le même: tracer en peu de traits un visage sur lequel apparaîtra une expression particulière.

Le stylo présente l'avantage sur le pinceau de ne pas obliger le dessinateur à transporter un encrier; par contre, et c'est là son inconvénient, le tracé des lignes obtenues avec cet instrument est presque uniforme.

Le dessinateur a la possibilité, en raison de la diversité des moyens mis à sa disposition, de choisir celui qu'il considère comme le plus apte pour atteindre l'objectif qu'il s'est fixé.

Planche X

Etudes diverses

Les trois visages reproduits à la planche X permettent de constater la qualité des résultats obtenus avec un pinceau manié avec habileté. Lors de l'exécution des premiers dessins à l'encre, le portraitiste a la possibilité de tracer d'abord un croquis au crayon; mais, au fur et à mesure que sa main prend de l'assurance et que son œil sait distinguer avec sûreté les lignes essentielles des sujets à reproduire, il doit s'efforcer d'atteindre le maximum de spontanéité en n'utilisant que son pinceau. Sur les trois portraits présentés ci-dessous, on appréciera en particulier la vigueur du tracé et l'intensité de l'expression de chaque visage.

Planche XI

Profil et psychologie

Le profil représenté sur la planche XI a été pris sur le vif; il n'est pas, pour autant, dépourvu de signification psychologique. Il s'agit là d'un exemple d'exercice que devront exécuter souvent les dessinateurs qui désirent apprendre à créer des bandes dessinées. La réalisation de celles-ci exige de l'artiste une main sûre et des qualités de psychologue.

Planche XII

Etude à la plume

Le portraitiste capable de manier la plume avec une certaine dextérité peut obtenir des effets très séduisants en employant une plume fine et du papier à dessin granuleux. Le portrait représenté sur la planche XII est un exemple de ce qu'on peut faire en procédant de cette façon. L'instrument doit être utilisé avec aisance et fermeté; les détails sans importance doivent être omis. Le but est d'atteindre le résultat plastique le plus achevé, tout en rendant exactement l'expression du visage.

Lorsqu'on dessine un portrait, on effectue un travail de synthèse qui doit être complété, avec toute la sensibilité indispensable, lors du marquage des ombres dont l'agencement donne son modelé au visage par le jeu des hachures uniformes disposées en fonction des observations faites sur le modèle vivant.

Planche XIII

Plume et lavis

Sur cette planche, nous voyons un portrait commencé à la plume et terminé avec un pinceau trempé dans l'eau pour "laver" l'encre aux endroits où cela a été jugé nécessaire. Cette façon de procéder, appelée "lavis", fut très utilisée aux XVIIe et XVIIIe siècles; appliquée avec opportunité, elle permet d'obtenir des dessins d'aspect très moderne. La sensibilité personnelle de chaque dessinateur suggère à celui-ci le procédé le plus convenable pour l'exécution du travail qu'il a entrepris.

Les diverses techniques du dessin

L'art du dessin offre de nombreuses possibilités car, en plus du crayon, toute une panoplie d'instruments peut être utilisée: le pinceau et la plume, le stylo et le stylo à bille, le bambou et la plume d'oie, etc.; en outre, chacun de ces moyens peut être employé avec des papiers de divers types. Et chaque artiste fait de tout cela l'usage qui lui convient le mieux.

Au cours des dernières années, les artistes ont satisfait leur goût de la nouveauté en créant des moyens d'expressions nouveaux. Il suffit de fréquenter les expositions pour s'en rendre compte. Le présent chapitre, consacré aux techniques du dessin, ne prétend pas tout révéler sur cet aspect particulier et personnel de l'activité artistique; nous nous bornerons seulement à illustrer quelques exemples d'utilisation de ces techniques, choisis parmi les plus classiques et les plus fréquents. Chacun pourra ensuite, selon sa propre inspiration, appliquer les notions qu'il aura recueillies dans le cours de cet exposé.

Formes claires sur fond noir

La planche I montre l'effet qui peut être créé en dessinant en "négatif", c'est-à-dire en appliquant de la peinture blanche sur un fond obscur. Le procédé consiste à utiliser de la détrempe blanche plus ou moins étendue d'eau que l'on applique au pinceau. On obtient ainsi un effet de relief et de luminosité réellement surprenant.

Cette méthode convient particulièrement pour le dessin publicitaire, pour l'exécution de maquettes de décors scéniques, pour les dessins de bijoux et, naturellement, pour la représentation des scènes nocturnes. Pour avoir des points de repère pendant l'exécution de dessins de ce genre, il est recommandé de tracer légèrement, à la craie, les lignes principales qui disparaîtront une fois le travail achevé.

Planche II

Effets impressionnistes

Le visage féminin reproduit sur la planche II est un exemple de ce qu'on peut faire en employant du papier à gros grain; on obtient des effets impressionnistes, c'est-à-dire des effets de clair-obscur, sans tracer de traits. Habilement appliquée, cette technique permet de créer des images baignées d'une lumière vibrante semblable à celle que l'on reçoit en plein soleil, ainsi que des images évanescentes comme celles qui illustrent certains contes fantastiques. Le visage masculin qui apparaît sur cette même planche a été tracé à la plume d'oie. La mollesse de cette plume a permis d'accentuer les ombres et de marquer avec plus de vigueur les traits caractéristiques de la personnalité. Cet instrument offre également l'avantage de permettre de tracer des lignes très appuyées quand on l'utilise dans la position normale ou, au contraire, des traits fins si on le penche sur le côté. Comme toujours, il est possible d'atteindre des résultats intéressants en appliquant une technique nouvelle; ceci, à condition que le dessinateur sache manier son instrument avec une maîtrise suffisante. Le débutant qui, parvenu à ce point de notre ouvrage, possède une connaissance passablement étendue des problèmes du dessin, notera que le visage féminin ci-dessous à gauche est un exemple d'effet pictural, tandis que le visage masculin propose une solution peu classique à l'éternel problème de la reproduction graphique d'une réalité complexe, toujours changeante et riche de suggestions diverses.

Planche III

Les hachures croisées

Le dessin à la plume, toujours plein de difficultés, peut être traité de la façon indiquée sur la planche III, c'est-à-dire sans modulation des hachures. Dans le cas présent, celles-ci sont exclusivement constituées par des lignes droites d'épaisseur égale. Les variations de tonalités sont obtenues en croisant plus ou moins ces hachures, selon ce qui est nécessaire. Cette technique est très valable pour l'exécution de dessins publicitaires ou les illustrations de textes.

Le dessin reproduit ci-dessous permet de constater que le modelé et l'expression du visage ne sont en rien altérés par la rigidité des traits utilisés.

L'emploi des techniques les plus diverses est laissé au choix du dessinateur qui décide en fonction de son tempérament personnel. Chacun finit toujours par adopter la méthode qui correspond le mieux à sa nature propre.

Planche IV

Le fusain

Il n'est pas besoin d'être doué d'une habilité particulière pour dessiner au fusain. On tient celui-ci dans la main exactement comme s'il s'agissait d'un gros crayon.

Utilisé avec un papier plutôt lisse, le fusain permet d'obtenir des résultats tels que celui illustré sur cette page. Comme d'habitude, c'est la pression plus ou moins forte que la main exerce sur le bâtonnet qui permet de graduer l'intensité des tons. Il faut cependant noter qu'en raison de la grosseur du fusain, l'exécutant est obligé de travailler d'une manière plus synthétique; cette nécessité ne peut avoir qu'une influence bénéfique sur le débutant qui est toujours tenté de reproduire tout ce qu'il voit, sans établir de discrimination entre les divers éléments composant le modèle.

Un dessinateur accompli ne fait pas apparaître tous les détails. Il choisit parmi les lignes et les tons, ceux qui lui permettront d'exprimer une forme déterminée ou de suggérer

un sentiment ou une sensation. L'artiste parviendra d'autant mieux à faire ressortir sa propre personnalité qu'il aura su réfléchir et sera capable d'ordonner ses impressions personnelles de façon à les

concrétiser sous une forme achevée.

Le débutant ne doit pas oublier de fixer le fusain en utilisant la méthode déjà indiquée car la poudre de carbone n'adhère que faiblement au support.

Planche V

Dessin à l'encre de Chine diluée dans l'eau

Nous voyons sur cette page un portrait traité de façon quelque peu synthétique qui a été exécuté au pinceau et à l'encre de Chine. Celle-ci peut être diluée abondamment dans l'eau afin d'obtenir toute une gamme de tons gris, des plus obscurs aux plus clairs. Après avoir trempé le pinceau dans le mélange le plus clair d'encre et d'eau, on trace en premier lieu un croquis à peine perceptible qui servira de base pour le dessin définitif, habituellement réalisé à main levée, à l'encre pure. Ensuite, on marque les ombres de façon sommaire en utilisant un gris moyen.

Il n'est pas possible de procéder à des corrections lorsqu'on utilise cette technique; c'est pourquoi le tracé doit être fait d'une main sûre, sans aucune hésitation car il ne faut pas être dans l'obligation de repasser à certains endroits. Le dessinateur doit donc concentrer son attention sur ce qu'il veut exprimer à l'aide de chacun des traits.

Planche VI

Crayon et sanguine .

Le dessin reproduit à la planche VI a été exécuté au crayon et à la "sanguine" qui est une terre rouge compressée et modelée en forme de bâtonnet; sa mollesse spécifique la rend propre à la réalisation des dessins représentant des femmes ou des enfants. En utilisant la sanguine, on parvient à rendre les formes les plus délicates d'un sujet à l'aide d'un "fondu" qui s'obtient habituellement avec un morceau de papier à dessin enroulé ou, encore, avec la pointe du doigt. L'illustration qui figure sur cette page ne fait pas apparaître la coloration rouge caractéristique de la sanguine; mais elle permet de noter le contraste existant entre la chevelure qui a été esquissée de façon très libre à l'aide du bâtonnet dont les traits sont visibles et le visage dont les formes et les détails ont été modelés au moyen d'un estompage très finement et soigneusement élaboré.

La sanguine permet de réaliser des dessins très soignés; elle a, cependant, l'inconvénient, difficile à surmonter pour un débutant, de souligner les formes, effet qui ne laisse pas à la sensibilité artistique du dessinateur la liberté d'expression qui doit s'exprimer normalement.

Planche VII

Modulation des hachures

Sur cette page, nous voyons un dessin à la plume reproduisant un torse en bronze; c'est un exemple de la faculté dont dispose le dessinateur de moduler les traits constituant les hachures afin de rendre le modelé du sujet. On appelle "trait modulé" un trait dont l'épaisseur varie dans le cours de sa longueur, ceci pour éviter de passer sans transition d'une zone éclairée à une zone sombre. Les grands maîtres du dessin ont toujours appliqué cette technique riche de possibilités qui requiert de l'exécutant une habileté consommée. Il est bon de préciser que si le modèle du dessin représenté ci-dessous avait été en plâtre au lieu d'être en bronze, les hachures auraient dû être tracées plus légèrement et de façon plus clairsemée afin de reproduire avec le maximum de vraisemblance le modelé d'un sujet de couleur claire et sans reflets.

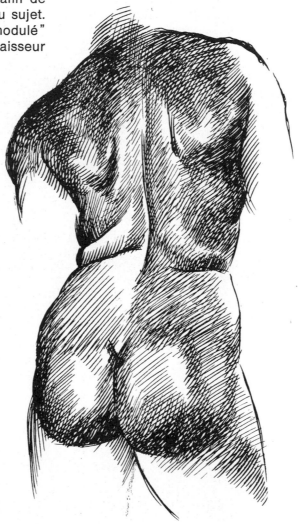

Planche VIII

Dessin à l'encre blanche

La planche VIII montre un dessin en "négatif", comme celui de la planche I, mais exécuté à la plume avec une encre blanche que l'on peut se procurer dans n'importe quelle papeterie.

Après avoir tracé légèrement à l'aide d'une craie, le croquis du sujet, on en dessine les formes en traçant des traits habilement modulés. Contrairement à ce qui se produit lorsqu'on dessine en noir sur blanc, il faut réserver les zones qui resteront sombres et tracer les lignes claires en utilisant la méthode habituellement adoptée pour le marquage des ombres.

On voit sur ce dessin comment il est possible d'associer deux façons de procéder: le tracé fin et détaillé des formes du visage et celui, plus synthétique, de la chevelure. Le dessinateur doit se rappeler que, pour exécuter son travail, il peut employer tout autre moyen de son invention.

Planche IX

Dessin avec des crayons blancs et noirs

Dans un exposé des techniques utilisées habituellement pour dessiner, on ne peut omettre de citer la méthode consistant à travailler sur du papier gris avec des crayons blancs et noirs. La planche IX nous montre un exemple d'emploi de ce type de papier sur lequel on peut tracer avec rapidité des formes associant la lumière et l'ombre. Les zones ombrées sont marquées avec le crayon noir et les parties claires avec le crayon blanc; c'est la couleur même du papier qui donne les tons intermédiaires.

Il nous paraît nécessaire de préciser qu'un débutant ne saurait appliquer avec succès la méthode ainsi définie. En effet, il finira inévitablement par mélanger le blanc et le noir, alors que ceux-ci doivent être nettement séparés. Le dessin qu'il obtiendra alors sera pâle et confus au lieu d'atteindre, grâce à un nombre minimum de traits, un résultat caracté-

risé par sa netteté et sa vigueur. Pour éviter les difficultés que présente une telle technique, il devra la mettre en pratique graduellement.

Le dessin professionnel

Parvenus à ce stade de notre exposé, les dessinateurs débutants se sont successivement exercés au dessin géométrique, au dessin de décoration, puis au dessin à main levée, en passant du paysage au portrait; ils peuvent désormais affronter n'importe quel genre de dessin professionnel.

Atteindre les meilleurs résultats n'est plus maintenant qu'un problème de spécialisation. C'est ainsi que les traceurs de plans et les mécaniciens doivent se perfectionner en dessin géométrique; les menuisiers et les géomètres doivent, en ce qui les concerne, développer leur connaissance des lois de la perspective tandis que les orfèvres, les brodeuses, les sculpteurs, les forgerons, les potiers et les diverses catégories de décorateurs doivent approfondir l'étude des arts décoratifs. De leur côté, les modélistes s'efforceront d'acquérir des notions de plus en plus étendues et complètes sur l'art du costume, le drapé et le corps humain, tandis que les graphistes chercheront à toujours mieux connaître les techniques du dessin des caractères, de la composition typographique et, d'une façon générale, de tous les domaines dans lesquels ils sont susceptibles d'exercer l'activité professionnelle qu'ils ont choisie.

Pour montrer de façon pratique comment on peut exécuter des dessins professionnels appartenant aux genres les plus divers, nous présentons dans ce dernier chapitre quelques exemples relatifs à des métiers choisis parmi les plus courants.

Ainsi, le relieur, le fabricant d'emballages, etc. doivent être capables de dessiner un parallélépipède ou n'importe quelle autre figure géométrique vus en perspective et d'en tracer le *développement* en respectant les dimensions données. Ces opérations sont indispensables pour permettre de passer du stade du projet à celui de la fabrication. On appelle développement la représentation sur un plan de toutes les faces d'un polyèdre disposées de façon logique.

Dans le même ordre d'idées, le dessinateur industriel doit pouvoir reproduire, d'après les dimensions indiquées, n'importe quelle pièce mécanique vue en projection, en coupe ou en perspective.

Il en est de même pour l'architecte qui dessine des plans de constructions, et doit savoir aussi reproduire, avec toute la précision requise, n'importe quel détail architectural, qu'il s'agisse de la structure d'un toit ou de la forme d'une gouttière, du dessin de la moulure d'une corniche ou des motifs décoratifs d'une porte cochère.

L'ébéniste doit connaître la forme et la structure des mobiliers anciens ou modernes. Les divers styles tels que le baroque, le néo-classique, le chippendale ou le suédois ne peuvent avoir aucun secret pour lui.

En ce qui le concerne, le graphiste saura dessiner chaque caractère et sera au courant de toutes les méthodes de composition typographique. Quant au modéliste, il dessinera avec facilité le corps humain placé dans toutes les attitudes possibles, afin de pouvoir, ensuite, l'habiller comme il convient. L'admiration que l'on porte aux œuvres d'art ne doit pas faire oublier qu'il existe de nombreux dessinateurs professionnels sans lesquels aucune production industrielle ou artisanale ne serait possible.

Planche I

Développement d'un cube

La planche I montre un cube vu en perspective et développé qui pourrait être l'emballage d'un produit alimentaire; il a été pris comme premier exemple de cette série car il fait apparaître avec netteté la façon de découper le carton qui sera utilisé pour le confectionner.

Dans un but de simplification, nous n'avons pas représenté les bords qui, normalement, sont collés ou repliés pour assurer la fermeture de l'emballage.

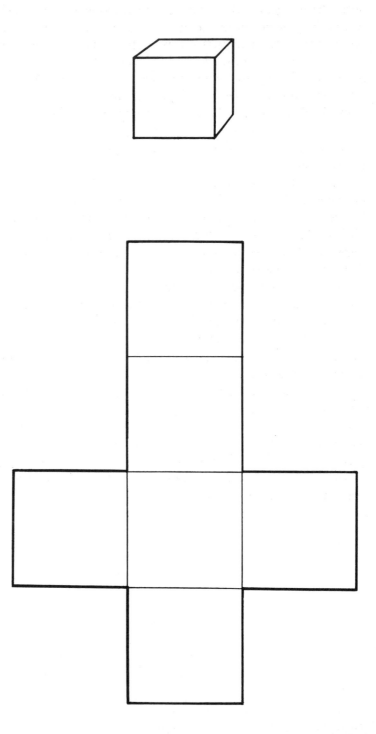

Planche II

Une pyramide tronquée

Sur la planche II, nous
voyons une figure un peu
plus complexe que l'on
peut définir comme étant
un tronc de pyramide à
base carrée. Elle pourrait
représenter le manteau

d'une cheminée à exécu-
ter en fer galvanisé ou,
encore, un emballage pour
des gâteaux. Le dévelop-
pement, beaucoup plus
complet que celui de la
planche précédente, com-
porte toutes les indica-
tions nécessaires pour la
fabrication d'un objet ayant
une telle forme.

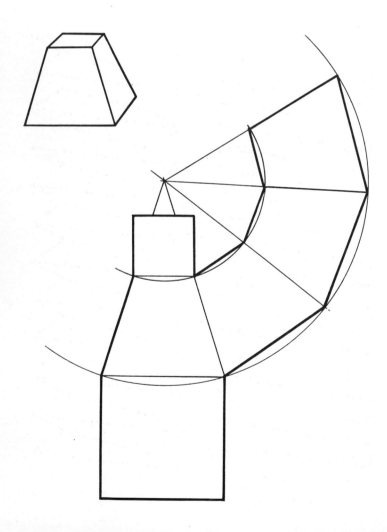

Planche III

Deux vis

Sur cette planche III, figurent deux exemples de dessins de pièces mécaniques. Le premier (1) est le croquis d'une vis à filetage carré; le second (2) représente une vis à filetage triangulaire. On conçoit facilement comment, en partant d'un schéma sur papier quadrillé, on peut tracer rapidement des pièces de ce type qui se trouvent dans bon nombre d'ensembles mécaniques.

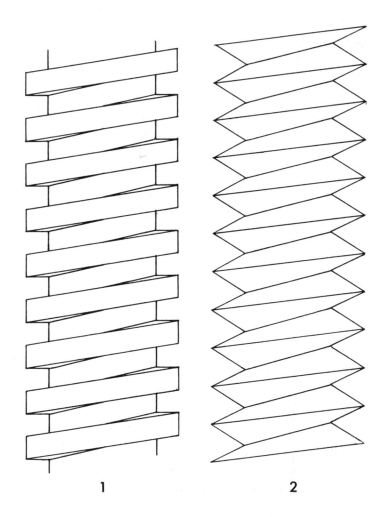

1   2

La structure d'un crochet

Le dessin d'exécution d'un crochet a un aspect déjà plus complexe que celui d'une vis; en fait, il est facile de le tracer lorsqu'on a déterminé les centres des courbes qui seront obtenues avec un compas.

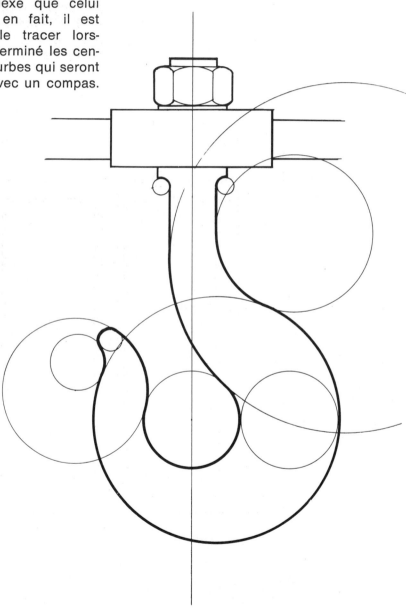

Planche V

Une fenêtre

Les géomètres et les dessinateurs d'architecture doivent être capables de reproduire de façon parfaite les détails d'éléments de constructions, en respectant les proportions. La fenêtre représentée sur la planche V est un exemple de ce genre de travail.

Planche VI

Le plan d'un appartement

Savoir tracer le plan d'un appartement relève de la compétence du dessinateur d'architecture, du géomètre et de l'architecte lui-même. Un dessin de ce type, exécuté à l'aide d'une règle et d'un compas, ne présente aucune difficulté particulière si l'on connaît les dimensions de toutes les pièces et les épaisseurs des murs. Dans un premier temps, on esquisse au crayon la disposition des diverses pièces de l'appartement dans le cadre du périmètre de celui-ci, périmètre reproduit avec précision; ensuite, on trace le plan définitif à la plume.

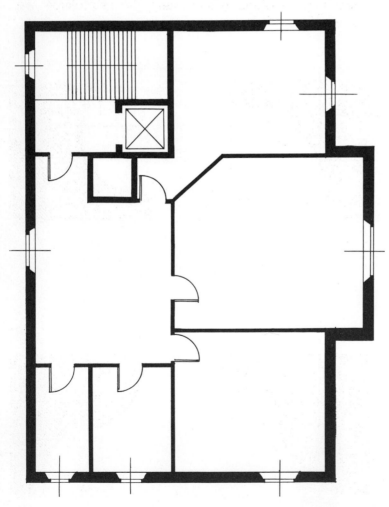

Planche VII

Quelques types de moulures

Les architectes et les ébénistes doivent connaître le schéma de construction des moulures de tous modèles; à titre d'exemples, nous en reproduisons quatre types différents à la planche VII.

Les illustrations montrent comment on les construit: pour obtenir le *cavet*, on trace un arc de cercle de 90° (quart de cercle); la *scotie* est composée, en partant du bas, d'un quart de cercle (cavet) prolongé par une petite gorge circulaire dont le rayon est le tiers de celui du cavet; la *doucine droite* est composée d'une cavité (partie supérieure) et d'une partie en relief, toutes deux en

forme d'arc de cercle ayant même rayon, disposées selon un axe incliné à 45°; la *doucine renversée* est constituée de la même façon que la précédente mais l'arc en relief est situé à la partie supérieure.

Les moulures sont utilisées depuis les âges les plus reculés comme ornements d'architecture ou dans la fabrication des meubles.

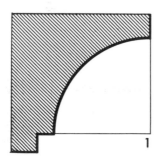

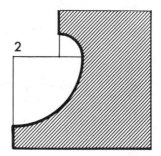

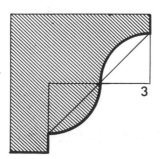

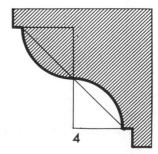

Planche VIII

Dessin d'un assemblage

L'ébéniste doit posséder de bonnes qualités de dessinateur, soit pour dessiner le mobilier destiné à des clients qui ne veulent pas avoir des meubles de série, soit pour pouvoir interpréter exactement les croquis tracés par des tiers.

La planche VIII nous montre comment doit être exécuté le dessin d'un détail de structure, en partant d'un croquis qui ne peut être compris que si l'on connaît bien la géométrie et les règles de la perspective. Sur le croquis initial, on voit l'aspect que doit avoir le tracé préliminaire en fonction duquel le dessin définitif est fait à la plume.

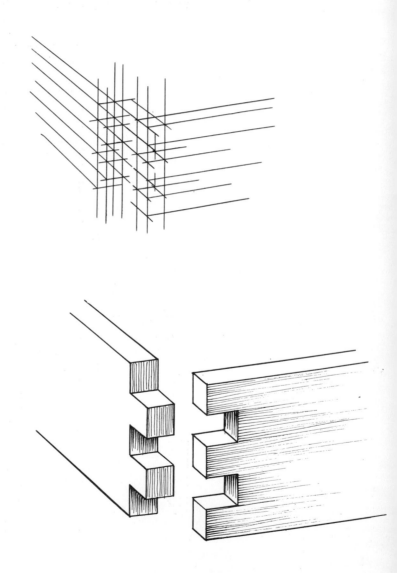

Planche IX

Une chaise

La comparaison entre le dessin figurant à la page précédente et celui qui est représenté sur cette planche IX permet d'apprécier le degré de spécialisation qu'il est nécessaire d'atteindre pour exécuter un tel dessin. Lorsqu'il s'agit de reproduire un certain nombre de meubles disposés dans une même pièce, le travail est encore plus difficile et requiert de celui qui l'exécute des capacités plus étendues.

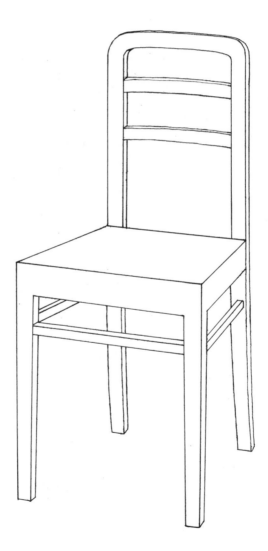

Planche X

Un cadre baroque

Cette planche montre comment on peut dessiner, avec la pointe d'un pinceau, un cadre de style baroque destiné à un miroir vénitien.

Les procédés susceptibles d'être utilisés pour exécuter des travaux de ce genre dépendent du tempérament et des habitudes de chaque dessinateur. L'essentiel est d'obtenir des résultats précis et suggestifs.

Planche XI

Quelques notions de graphisme

L'étude de la forme des lettres de l'alphabet utilisé dans chaque style d'écriture constitue l'un des éléments de base de la formation professionnelle d'un dessinateur publicitaire. En effet, si l'on ne connaît pas la forme des lettres et les principes de construction de chacune d'elles, il n'est pas possible de composer une annonce publicitaire quelconque ou de tracer la maquette d'une couverture de livre ou, encore, de dessiner un simple panonceau publicitaire. La quasi-totalité des caractères de l'écriture sont dessinés en partant, dans chaque cas, d'un schéma original qui varie avec chaque type.

Pour le débutant qui fait ses premières armes dans ce domaine, il suffira d'exécuter les exercices indiqués dans ces quelques pages. Ces exercices constituent pour lui une introduction à une étude plus approfondie qu'il pourrait éventuellement faire si la nécessité s'en présentait. La planche XI montre comment on trace la lettre O appartenant au type de caractères appelés "égyptienne".

Après avoir tracé un cercle de la dimension désirée, on trace son diamètre vertical et son diamètre horizontal. Sur le diamètre vertical, on trace ensuite deux cercles ayant un même diamètre dont la longueur est égale aux cinq douzièmes de la hauteur totale du caractère; on doit prendre soin, lors du tracé de ces deux cercles, de ménager un intervalle dont la largeur sera égale au dixième de la hauteur du caractère, intervalle qui constituera son épaisseur minimum. Ensuite, on place le compas à chacune des extrémités du diamètre horizontal pour tracer deux arcs de cercle tangents aux deux cercles intérieurs afin de former un ovale.

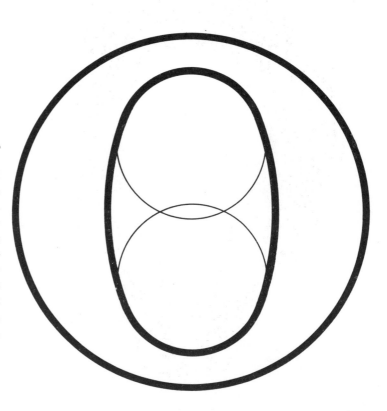

Planche XII

Le caractère "Bâton"

La lettre P représentée sur la planche XII a été tracée en partant d'un carré divisé en 25 parties égales; ce carré constitue le canevas sur lequel sont construites toutes les lettres de l'alphabet "Bâton". On observera que l'épaisseur du caractère est celle de l'un des éléments du canevas et que les parties arrondies sont tracées avec un compas dont la pointe est placée à l'intersection de deux lignes du canevas.

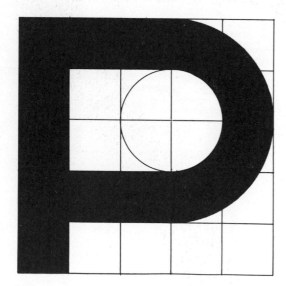

Planche XIII

Le caractère Bodoni

La planche XIII fait apparaître le canevas d'après lequel a été tracée la lettre Z de l'alphabet en caractères Bodoni.

Après avoir construit un rectangle divisé en 8 rangées de 6 carrés disposés horizontalement, on trace la partie oblique de la lettre qui est constituée par deux segments de droite parallèles séparés par un intervalle dont la largeur est égale à la longueur du côté du carré choisi comme élément de base du canevas. Les deux motifs décoratifs dessinés à l'extrémité de chacune des barres horizontales sont obtenus en traçant deux arcs de cercle de même rayon, ce rayon étant égal au double de la longueur du côté du carré servant de base au canevas. Certains types de caractères (le "Bâton") sont dépourvus de motifs de ce genre.

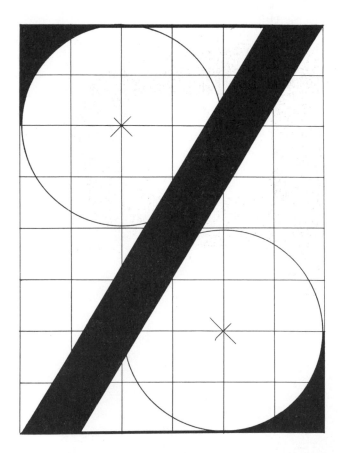

Planche XIV

La lettre gothique

La lettre représentée ci-contre est un bel exemple de caractère appartenant à l'alphabet gothique. Le canevas
de base permet d'équilibrer
la disposition des divers bâ-
tons constituant le corps
de la lettre et de leur donner une épaisseur unifor-
me; la dimension des car-
rés noirs placés oblique-
ment est également déter-
minée à partir du canevas.
De même, la forme et les
dimensions de tous les autres éléments constitutifs
de ce caractère sont fonction des proportions rele-
vées sur ce canevas.

Planche XV

Croquis d'une coiffure

Les costumiers, les coif-
feurs, les dessinateurs de
maquettes pour les décors
scéniques doivent être capables de dessiner des
coiffures masculines ou fé-
minines avec la précision
que, seule, la pratique
peut faire acquérir.
L'ébauche reproduite sur
cette page est celle de la
coiffure de soirée d'une
femme. Lorsque le croquis
est destiné à des spéciali-
stes, il n'est pas nécessaire de tracer les traits du visage.

Ce dernier chapitre réservé au dessin professionnel a permis de mettre en évidence l'étendue des multiples applications que l'art du dessin peut avoir dans la vie courante.

Nous souhaitons que les idées et les conseils exposés dans le présent ouvrage apportent une aide valable à tous ceux qui désirent apprendre à dessiner et qui ont eu la patience de le lire jusqu'à la fin.

Table des matières

*Achevé d'imprimer
en mai 1996
à Milan, Italie, sur les presses
de Grafiche Milani*

*Dépôt légal : mai 1996
Numéro d'éditeur : 4431*